數位時代 0-12 歲教養寶典

克莉絲堤・古德溫 (Kristy Goodwin)

Raising
Your Child
in a
Digital
World

推薦文

善用科技，為孩子的身心健康加分

臺北市國語實小校長、兒童文學作家 林玫伶

幾年前我曾調查臺北某國小的學生使用電腦的情形，調查結果發現73％的學生家長同意讓孩子有限制的使用；15％的家長完全放任，不過問孩子使用情形；會指導孩子如何使用的，不到7％。進一步瞭解，多數家長以「限制使用」作為管教手段；對於「如何使用」以促進學習成長，不清楚也沒把握。

雖然這個小調查僅針對電腦使用（本書則廣泛指各項數位科技產品），但也看得出當代父母在教養數位時代的孩子方法上，常常捉襟見肘。

很高興有這本書的問世，解決了家長許多疑惑與困擾。有別於一般理念式的文章，本書特別值得推薦的特色如下：

一、**阻擋不是辦法，科技擋也擋不住**：滑世代的孩子，數位科技對他們來說，如空氣一般自然，和手機、電腦、網際網路等工具的親密關係，和我們成人是不同的。教導在數位中長大的孩子，因為彼此認知和時代的差距，父母師長無法複製前一世代的教養方式，必須重新學習，而不是螳臂擋車。

二、**幾分證據說幾分話，不陷入科技迷思**：針對人云亦云或基於理念的建議，不要跟著團團轉，要回到實證研究結果，看證據說話，既不膨風科技的功效，也不汙名科技的危害。例如有沒有建議每日使用螢幕的時間？科技會不會造就過動兒？電視遊戲對學習有害？這些作者都會教你打破迷思。

三、**鞏固七個成長基石，有所為有所不為**：作者認為孩子發展有七大基石，包括依附行為與關係、語言發展、睡眠、玩樂、身體動作、營養和執行功能技巧。以這七個項目為前提，作者一一闡述科技可以扮演什麼角色，有些可以成為發展學習的支持，有些則需要有好方法離它遠一點。

四、**要善用科技，為身心健康加分**：順著上述一二三點看下來，不難理解作者用心所在，即是要父母師長坦然迎接數位時代的來臨，一方面對科技有正確的觀念，一方面對教養有清晰的原則，當「七大基石×數位科技」時，有自信的讓科技潮水乘載孩子這葉扁舟，穩健的航向汪洋大海。

臺灣國小教育界熟悉的國際測驗「促進國際閱讀素養研究」（簡稱 PIRLS），由國際教育成就調查委員會（IEA）主辦，這項測驗主要的目的在研究不同國家教育政策、教學方法下四年級兒童的閱讀能力。有意思的是，本來這項測驗使用紙本施測，自二〇一六年起增加了數位閱讀，即 ePIRLS，意謂著國際上也正視數位時代孩子學習方式的變化，這不是數位「要不要」「好不好」的問題，而是「如何用」的問題。

這一代的父母挑戰確實不小，數位科技浪潮襲來，幸有本書作為教養寶典，真是家長的好消息。

推薦文

數位時代的教養，您準備好了嗎？

臺北市永安國小校長 邢小萍

常聽到長輩在感嘆：「電腦不但會揀選花生，還可以養小孩！」有時候參加活動時，也會看到有不少爸媽教養的幼兒的必要配備一定少不了ipad。一位阿公開玩笑說，自己兩歲大的孫子滑手機的姿勢超帥超流暢的！看來，數位時代下，我們真的要認真思考面對「數位原民」孩子的教養模式了！

幸好，有一本好特別的書出現了《數位時代0-12歲教養寶典》，作者是克莉絲堤・古德溫博士（Dr. Kristy Goodwin）從研究的角度，正面的看待兒童接觸科技這件事，透過幫助父母認識學齡前幼兒發展的7個基礎，說明父母是可以幫孩子培養健康的數位習慣、運用科技來保障孩子的身心發展。

作者曾經擔任13年的老師，本身也是位母親，跟所有的家長一樣認真思考過現代的孩子是還沒學會穿鞋前就已經在滑手機、拍照、玩電玩；也曾面對當自己想把孩子手裡的3C產品拿走時，發生的家庭大戰。但是她從兒童身心發展的角度去進行探究並且幫新南威爾斯教育委員會研究新科技如何影響學生的學習。

這本著作先從破除讀者的迷思概念開始：像是——科技造成過動兒；電視、觸碰螢幕與電腦遊戲對孩子不好、孩子不能從電腦遊戲中學習……。適當的使用科技來引導孩子需要的是證據，而不是科技迷思。需要聚焦在科技提供的積極面，並減少對他們發展不利的因素。

因此「用對方法」，科技可以成為支持孩子學習與發展的珍貴輔助工具，豐富與拓展孩子的發展，提供獨特而有趣的經驗，確保在數位時代，提供每一個孩子足夠的經驗，來支持他們的學習與發展。從發展的觀點來看到底有哪些重要經驗呢？書中提到以下七種：

⚡**依附行為與關係**——當孩子沒有感受到安全、或是出現慢性壓力時，他們就不會學習與發展，科技究竟可以協助或阻礙孩子與父母及照顧人的關係？端賴於如何使用。

⚡**語言**——語言會連結並建構我們的大腦。當以健康有益的方式使用，科技也可以促進語言發展。舉例來說家長跟孩子一起觀看節目，就有益於建立孩子的語言能力。

⚡**睡眠**——睡眠期間會進行記憶鞏固，對於認知發展非常關鍵。書中提供減少科技對孩子睡眠影響的實用小撇步供讀者參考喔！

⚡**遊戲**——遊戲和增進認知能力、溝通能力、創造力、身體發展及情緒技能有正相關。必須選擇符合孩子發展的科技遊戲。

⚡**身體活動**——數位兒童仍然需要吊吊單槓、騎騎腳踏車、爬爬山或樹等的大肌肉活動，不能讓科技取代這些經驗喔！

⚡**營養和執行功能技巧**——這兩部分作者也認同是數位難題，但是父母和孩子都必須有正確的選擇。

看完這本書，作者提出有研究依據的一系列小方法、小玩意與工具，來確保年幼的孩子，有機會在他們一出生就存在的數位世界裡，可以好好茁壯學習；也讓我的疑慮稍稍減弱。畢竟，未來的數位科技日新月異，與其禁止，或與之拉鋸，不如從發展理論找出因應策略，正面積極的思考——讓科技成為協助父母教育工作者的利器。推薦給您克莉絲堤．古德溫博士所著的《數位時代 0-12 歲教養寶典》！

推薦文

讓孩子跟科技發展出健康的關係

臨床心理師 洪仲清

這幾年，我很常被問到3C商品成癮的相關問題。但是深入剖析之後，同時也會發現，根本連大人也離不開3C，連自己都淪陷了。此外，更有許多家長為了方便照顧孩子（部分就是為了增加自己使用手機、平板電腦的時間），而把3C當數位保母使用。

將來不知道還會有什麼改變人生活型態的科技問世，但大人自己現在就已經沒準備好了，更是不知道怎麼幫孩子跟科技發展出健康的關係。以下舉兩個書裡面的例子：

「谷歌效應是一種現象，解釋了當我們相信上網就能找到，因而越來越不容易記下一些細節。我們不去回憶事實及細節，反而會去回想谷歌搜尋（或其他搜尋引擎）上所使用的關鍵字和搜尋字串，作為稍後存取事實與資訊之用。」

「科技癡呆描述的是我們過度使用科技產品，導致了認知能力的崩潰，就像是那些頭部受創或者是罹患精神疾病的病人那樣。孩子的『認知卸載』可能會導致推理與記憶技巧發展不完全。孩子只是卸載這麼多的事情給他們的數位產品，導致他們並沒有發展自己的記憶肌肉。」

我談3C對人的影響時，有位朋友分享，以前雖然沒手機，但很會記電話號碼。但當大家都習慣使用手機之後，能想起來的電話號碼就有限；手機如果不見，除了很焦慮之外，更會造成生活上的困擾。此外，導航的使用，也讓某些朋友過於依賴，導致規劃路線的能力變差。科技對孩子造成的注意力困擾，在教育工作者之間幾乎成了某種共識。除了複製貼上，讓孩子寫某些作業根本不用動腦思考外，眾人也都認為科技讓孩子變得容易分心、專注時間變得更短。

其實不論是大人或小孩，都共同面對科技的衝擊，各種便利的高端技術雖然對生活有許多幫助，但也可能讓我們走向失控（或已經失控）。除了我最關心的執行功能技巧之外，《數位時代0-12歲教養寶典》還從依附行為與關係、語言、睡眠、遊戲、身體活動、營養等面向，探討科技對現代人類的考驗。

這本書不是只為了孩子看，更是要為了大人自己看。

我就認識某些家長，晚上熬夜追劇、睡眠不夠後容易對孩子發脾氣；白天事情做不好、壓力沉重，又更是犧牲睡眠追劇，催眠自己這樣能抒壓。這種幾乎強迫性傷害自己身體健康、親子關係、生活品質的行為模式，可說是無異於跨出大步往地獄邁進。

這本書很生活化，使用相當多研究資料，以及臨床實務方面的發現。有些負面影響雖然在研究上目前還未充分證明，畢竟科技更新的速度太快，但已經嚴重到需要我們警惕並採取因應作為。

像是書中提醒，「使用耳機也會對行人安全產生危險」。但常可以在路上看到許多行人戴著耳機的，有些甚至還會一邊講電話。此外，「持續使用音量在七十五分貝以上的耳機，會造成永久的聽力損失」，這是很嚴重的事，但我在搭乘大眾交通工具的時候，偶爾還會從鄰座傳來的聲音中，清楚聽到耳機裡正播放著什麼，而且當時的環境並不算安靜，換句話說，對方的耳機音量恐怕已經超標了。

《數位時代 0-12 歲教養寶典》整理了很多實用的方法，像是如何保護視力、減少電磁波。也討論現代父母對科技的迷思，像是「今天數位時代的孩子，可以用科技同時做多項工作」，也同時舉出相關的證據與事實，讓大家能自我調整，以及跟孩子制定科技使用家規時，有所依循。

期待我們一起做好準備，讓科技成為真正的好朋友，而非任由自己與孩子沉淪。

推薦文

3C時代，讓您更添增智慧的教養

王意中心理治療所 所長／臨床心理師 王意中

我們都愛3C，但是卻怕孩子耳濡目染、有樣學樣也愛3C。3C產品一直都不壞，關鍵在於我們如何接觸。由於3C產品的數位內容複雜到無邊無際，而每個孩子的身心特質與發展速度也不盡相同，使用3C的條件也不一樣。因此，面對孩子與3C在交互作用下，可能出現的複雜排列組合。在給與不給之間，總是讓現代父母傷透腦筋、難以拿捏。

然而，面對3C不該是全有全無，像開關切換的做法。既然，3C如潮水迎面而來，在不需要逃避的趨勢下，如何讓孩子從小與3C發展出良好的互動關係，就成了相當必要的一件事。習慣，是一種長期的行為模式。在時間的流動中，如何讓孩子在使用3C產品的習慣上，不至於出現偏頗、牽絆、依賴，而亂了成長的步伐與方向。這始終是父母在茫茫網海中，迫切尋覓的。

誠摯為您推薦《數位時代 0-12 歲教養寶典》，這是一本介紹非常細微、具實證研究，卻又實用易懂的作品。透過學齡前幼兒七項關鍵發展的認識，讓父母能夠更清晰地了解與衡量，3C產品如何在這些基礎發展上，展現他們的正負作用及影響。這讓爸媽在數位時代下，面對3C產品與教養依然能取得平衡與安心，而不至於落入痛苦的矛盾與掙扎。當智慧型3C產品，環繞在我們的生活中。閱讀《數位時代 0-12 歲教養寶典》，將讓我們更添增智慧的教養。

推薦文

與3C一起生活

敦南兒童專注力中心技術長　廖笙光

隨著科技進步的腳步越來越快，我們越來越無法使用「童年經驗」來帶孩子。電腦對我而言，最重要的是「鍵盤」，只要記得「組合鍵」操作根本一點也沒問題。但是我太太就不是如此，對她來說「滑鼠」才是最重要的，沒有滑鼠連電腦都無法控制，但我們年紀只差不到五歲。更何況是我的孩子們，基本上是「滑世代」的寶貝們。

記得當寶貝三歲時，我們家裡換了一台五十吋的「低藍光 LED 電視」，耗費了好大的工程才安裝好。一打開電源，寶貝馬上眼睛一亮的往前衝，用他的小手指頭拚命在螢幕上滑來滑去，但是螢幕卻一點反應也沒有。他馬上也就失去興趣，自顧自地回去玩具，「觸控螢幕」才是他們心目中的神器。

不論你是喜歡或討厭3C產品，都不能否認一個事實，孩子們早已生活在「數位時代」。當生活環境改變，帶孩子的方式也要改變，要改變的不是孩子，而是我們大人。新科技不一定是有毒的，而是看是否可以配合孩子的「發展需求」來使用，不然就是有害的。就像是廚房裡的「鹽巴」一樣，善加使用可以增添食物風味，過度使用卻可能導致高血壓，並不是簡單的給予或不給的問題。

就讓我們一起放下心頭的焦慮，打開這書本透過腦神經科學的研究，讓我們深入了解在不同年齡時，該如何善用3C產品吧！

序言

數位科技的角色在孩子生活中越來越重要的同時，許多父母會擔心也很困惑：該讓孩子花多少時間上網？接觸電視、觸碰式螢幕、手機與電腦遊戲的程度又該多少才恰當？還要注意上癮或網路安全的議題。這也只是現代家長面臨的其中一些數位困境而已。

在被詢及我們兒時的記憶時，我們大都會想起以往常常爬樹，沒有大人在旁邊時，在自家附近奔跑、叫囂，或在紙箱上玩紙牌、搭房子的情景，而這些與我們在數位產品充斥的世界裡養育自己的孩子截然不同！**對大多數的父母而言，這是很令人害怕的。**

作為家長，運用我們自己的童年作為參照是不可能的，因為我們面臨的一些親職情境及決定都與科技有關。小時候，我們盯的是蒼穹，而不是螢幕！我們的父母簡直無法體會我們現在面對的數位困境，我們的父母唯一需要做的決定就是：讓我們看多少電視。而那個螢幕固定在牆壁上，也只有一些節目可看，可不能偷偷地塞進睡衣裡，或是藏在媽媽的手提袋裡！

今天，電視僅僅是父母親需要協助孩子管理的許多數位產品之一。除了有五花八門的數位螢幕供他們選擇之外，科技也一直在變動與翻新，這更增加了我們這些家長的困惑，讓我們不知所措。在我們好不容易感覺可以掌控那個吸引孩子的科技時，新的科技又出來蠱惑我們的孩子了！

更糟的是，健康專家與媒體彼此矛盾的建議不斷地轟炸我們，受歡迎的建議常常是基於理念而非研究結果，因此迷思與錯誤用詞就蓬勃發展。一方面，別人告訴我們要避開或減少孩子曝露在螢幕前或使用科技產品的機會，因為可能會造成孩子腦部與身體的傷害；另一方面，別人又鼓勵我們要在孩子還小時，介紹所有形式的科技產品給他們，往後他們在學校或人生中才不會落後太多。

甚至在我們努力尋找什麼對孩子最好（通常是上網找）時，那些建議卻如排山倒海般襲來，彼此互相矛盾，而且往往是不正確的。結果就造成科技迷思無止無休的循環，在用心良苦的家長間流傳不停！那些迷思像是：

- 科技造成過動兒
- 電視、觸碰式螢幕與電動遊戲對孩子不好
- 嬰兒的 DVD 和莫札特的音樂可以大量刺激腦部發展、增進語言能力
- 孩子不能從電動遊戲中學習
- 讓電視開著沒人看是可以的
- 有所謂的安全螢幕使用時間量

身為家長、研究者與前任教師，我個人也常常與這些迷思爭戰，也試著去解讀為何科技會影響孩子的發展。我花了很多時間閱讀與消化不同領域的最新研究，試圖建立一個周全的圖

像：到底哪些數位產品的運用與行為，對孩子的學習及發展是有效且具建設性的？而哪些是有害的？

我必須承認，有時候我的發現令我驚恐參半，這並不是說我們需要完全禁止或害怕科技（如果我們這麼做了，我們的孩子一定會恨我們），但是我們需要去仔細思考：科技是如何塑造我們孩子的早期經驗的？

不管我們是愛它還是討厭它，我們的孩子早已生活在數位時代，禁絕數位產品並不是一個選項，我們需要一起來找出健康又有效的方法，讓科技在孩子的生活中發揮重要功效，同時也保留他們童年的聖潔純真。

這本書提供家長什麼

為了讓我們在與孩子一起使用科技時做出最好的選擇，我們需要取得有關兒童發展與腦科學如何與科技爆炸的世界交互作用的最新資訊與研究。

這正是本書將會提供的：有研究基礎的資訊，還有許多實用的小方法，用來協助家長了解如何在數位時代教養孩子（不需要摒棄 iPad、斷了無線網路或拔掉電視插頭）。

這本書不會告訴家長們對年幼的孩子（技術上是指零到十二歲）應該怎麼做——沒人喜歡被告知應該怎麼做。相反地，本書會協助家長在如何遨遊數位世界這個議題上，做出有所依據的每日決定。

我也會分享孩子發展的七大重要基石，勾勒出科技是如何支持或扼殺以下項目：

1. 依附行為與關係
2. 語言發展
3. 睡眠
4. 玩樂
5. 身體動作
6. 營養
7. 執行功能技巧

最後，我希望這本書可以提供家長們平靜的心靈，知道我們孩子的數位習慣對他們的健康與發展沒有損害。有研究依據的一系列小方法、小招數與工具，可以確保我們年幼的孩子有機會在他們一出生就承接的數位世界裡，好好學習與茁壯。

目錄

第1章 障礙與科技迷思

科技對孩子不一定是有毒或禁忌的，然而，如果我們不能配合他們的發展需求來使用的話，就是危險的。

身為年幼孩子的父母，我們一來要正視數位時代的步步逼近，同時在現實生活中，還要與孩子手中的智慧手機及電動遊戲發生爭奪戰，要在兩者之間取得平衡實在不容易。在讓孩子安全上網的同時，我們也試圖要確保孩子花在螢幕前的時間與接觸大自然時間之間的平衡；我們試著與孩子遨遊在日新月異的數位世界，也掙扎著要跟上潮流。

有關科技是否適合年幼的孩子，一直是眾說紛紜的爭議焦點。有關童年聖潔這種根深蒂固的哲學信念，一向是用來說服不讓孩子使用科技的理由，但它依舊存在。我們不能再為是否使用而爭辯，而是必須要去思考年幼孩子該怎麼使用才是最好的。

這一章將勾勒數位時代的家長會遭遇的一些障礙與科技迷思，像是：

- 為什麼父母親在數位時代裡教養孩子會感到困惑？
- 誤導的媒體標題及矛盾的建議，是如何造成一直存在的科技迷思？

⚡作為現代父母，我們為什麼沒有角色模範？

本章也會探討過度或不當使用科技對年幼孩子的潛在危險，以及科技可以提供的正向結果。

困惑的家長

身為父母親，我們對於在數位時代教養孩子，是全然困惑卻又全心關注的。在我們努力要追上周遭令人眼花撩亂、蠱惑孩子的螢幕的同時，孩子卻要經歷與我們完全不同的科技化童年。我們的兒時回憶是在樹間盪鞦韆、騎腳踏車，而不是輕敲或滑動螢幕！

此外，他們所使用的科技經常改變，而我們卻對它卻極為陌生，以及，因為許多玩具與小產品的錯誤或誤導廣告，讓孩子一直不斷地接觸科技的壓力，簡直讓人無法招架！

我們將數位產品一股腦地交給孩子，希望他們不落人後，然而我們同時對於讓孩子曝露在數位產品之中感到憂心！但是，市場行銷卻宣稱嬰兒智慧手機、幼兒筆電及教育應用程式能增進孩子的大腦發展。但是，我們的懷疑是：這樣的數位超載是否對孩子的發展有害？

身為家長，我們常覺得自己還沒有完全準備好要迎接數位世界對孩子的猛烈攻勢。數位世界提供給孩子強勢而魔幻般的吸引力，嚇壞了許多父母親，因為我們知道：我們也早已被吸入數位漩渦，不斷地在我們的手機上檢視電子郵件與社群網站。

我們尋找如何以健康、有益的方式，讓科技發揮功效，而不必將孩子摒除在數位世界之外。我們許多人知道，害怕或全然摒棄科技不是長久之計。我們也了解，如果採取這種駝鳥式的解決方式，將會失去協助孩子發展重要、終生所需技能的機會。然而對我們多數人而言，我們只是不確定什麼才是引導我們孩子的最佳途徑。

科技化的童年

我之前提過，現代的孩子所成長的世界，是手推車上晃著數位產品、在餐廳裡硬塞平板電腦到他們手裡、以及把觸控螢幕藏在枕頭底下，而當我們要求他們「掛」電話或是「錄下」電視節目時，他們卻是一臉茫然的看著我們。

對大部分的孩子來說，螢幕與數位產品在日常生活中無所不在。在他們學會騎腳踏車或綁鞋帶之前，許多孩子已經會輕敲、滑動並按壓螢幕產品了。事實上，在二○一四年 AVG 所進行的研究中確定了一件事：許多孩子在達到傳統身體與發展上的里程碑之前，都已經達成了數位科技的里程碑！

從兒童期開始每天接觸數位產品，對身為家長的我們來說是完全陌生的，但我們的孩子卻是馬上就沉溺其中，他們簡直是受到螢幕轟炸一樣、不可收拾，而我們這些家長與教育者擔憂他們的科技習慣是可以理解的。

這是現代父母親的兩難之境。當我們為孩子的科技能力與直覺（幼兒會自信地以日本「忍者」的速度操作智慧手機）感到驚奇的同時，我們也覺得害怕。我們煩惱孩子常接觸數位科技對他們身體與健康的可能危害（我們也曾有過這樣的經驗：在我們要求他們歸還我們的智慧手

0~8歲的孩子每天花在螢幕上的時間平均是1小時55分鐘

每天1小時55分鐘

0~8歲

8~18歲的孩子每天花在螢幕上的時間平均是 7小時38分鐘

每天7小時38分鐘

8~18歲

機時，他們崩潰痛哭，或是在我們不准他們再多玩一個小時的「我的世界」——Minecraft，方塊探險遊戲——時，他們煩躁易怒，有時還出現攻擊性的行為），我們也煩惱孩子曝露在無線網路的時間過多，因為現在wi-fi是無所不在。

現在的孩子使用數位科技的時間越來越多了（請見上一頁的「年幼孩童與媒體」圖解），這個資料是從「凱撒家庭基金會」（Kaiser Family Foundation）在二〇一〇年及「常識媒體」（Common Sense Media）在二〇一三年的研究取得，而隨著孩子接觸可攜帶科技產品的機會增加，這些數據還有可能上升。

科技如此快速地演變，家長與教育者都努力要跟上潮流，就在我們覺得已經掌控了孩子迷戀的一項科技時，旋而又被其他科技所取代！

這一點也不令人驚訝。想想科技的滲透率就知道了，滲透率是一項科技達到全球五千萬人使用的速度。以收音機（最早的無線發明）而言，花了三十八年，電話是二十年，電視十三年，行動電話十二年，網路四年，臉書兩年，YouTube只有一年，而憤怒鳥只花了三十五天！

童年期的許多方面都已經數位化了。玩具製造商觀察到孩子醉心於科技產品，特別是「回傳效應」（pass-back effect）。這是由卡莉・舒勒（Carly Schuler）所發明的名詞，

科技如此快速地演變，
家長與教育者都努力
要跟上潮流。

指的是父母親在等候室、餐廳及家裡將數位產品交給孩子，用來娛樂、教育或平撫孩子的現象。製造數位玩具跟產品的廠商就是用這些來吸引父母親，從嬰兒智慧手機、學步兒的平板電腦、到學前兒童的觸碰螢幕，應有盡有！

經由縝密的行銷，他們往往讓民眾相信，這些科技玩具跟數位產品比一般傳統的玩具更好。我們想想：**對我四歲的孩子來說，一個改良過的平板電腦，一定優於一組積木嗎？**

通常這些產品會以教育訴求作為行銷手法，並且搭配套裝和促銷的材料，聲稱它們會讓孩子在學業上贏在起跑點，方能在二十一世紀成長茁壯。然而，這許多行銷所宣稱的效能，在研究上並沒有得到證實。

也有相當多的一些小玩意或產品，是以有嬰兒的父母親為行銷對象。我們現在有嬰兒行動裝置，可以拍下孩子在嬰兒床上的相片，並且用我們的名義自動上傳到社群網站上。還有內建科技裝置的改良式嬰兒連身褲，可以監控嬰兒的體溫、追蹤他們的睡眠習慣；甚至有一種科技便盆叫 iPotty，上面有一個平板設計，用來吸引孩子使用便盆並且獎勵他們。（就我個人而言，想到使用觸控式螢幕來訓練孩子如廁，就讓我覺得可怕！想想還要額外清理，更不用說衛生方面的考量了！）

> **我們現在有嬰兒行動裝置，可以拍下孩子在嬰兒床上的相片，並且用我們的名義自動上傳到社群網站上……**

費雪（Fisher-Price）所推出的嬰兒彈椅（apptivity seat）是另外一個被科技化的傳統嬰兒產

品。它專為六個月以上的孩子所設計，這種嬰兒彈椅上面安裝了平板電腦，會在嬰兒的臉部盤旋。平板內建的應用程式宣稱可以教導年幼的嬰兒數字與顏色等觀念。感謝老天，這樣的座椅已經停產了！

作為父母親，我們很容易相信這些數位產品會為嬰兒提供一些教育上的優勢，因為它們是由我們過去所信賴、有聲望的品牌所製造的。

媒體給我們的建議與困惑

年幼孩子使用科技產品的有害結果，往往被媒體不成比例的大肆宣揚。我們被媒體的頭條轟炸，媒體將科技妖魔化，聲稱科技對孩子的發展有害。這些頭條新聞常常會譴責科技對年幼孩子的負面影響，特別是與網路安全、網路霸凌、肥胖、電動遊戲與螢幕使用時間有關的議題上。

媒體利用聳動的標題吸引父母親的注意（他們的目的正是如此），企圖要說服我們所有的科技對年幼孩子都是有害的，因此應該避免使用。然而媒體卻未必正確的呈現了故事背後的研究，身為忙碌的父母親，我們經常也沒有時間仔細閱讀標題之外的細節，這可能會導致我們獲得錯誤的資訊。

科技對年幼孩子的好處也很少被報導，反而那些建議常常是互相衝突的，讓家長擔憂得更多，同時也增加我們的害怕與罪惡感，導致父母親會覺得困惑與不安。父母親一直不斷掙扎，因為我們從健康專家、教育者跟其他的家長那裡，所得到的建議是互相衝突的，這使得科技迷思一直存在。以下是有關孩子使用科技產品的一些常見迷思、名詞誤用、或是錯誤的訊息。其中許多的迷思會在本書中的「打破科技迷思」專欄裡做探討或揭穿（請見下表）。

打破科技迷思

迷思：有「安全」的螢幕使用時間。

事實：我們的確有建議的螢幕使用時間，也就是建議的每日使用時間量。在澳洲的是：

- 0－2 歲：「零」。
- 2－5 歲：「每天一小時」。
- 5－12 歲：「每天一至兩小時」。

對於螢幕的使用時間，父母親所獲得的建議並不一致。健康專家常常要父母親留意過多的螢幕使用時間，然而學校（甚至是幼兒園）卻將越來越多的科技產品引進教室，這可能會讓父母親覺得很困惑：到底什麼樣的時間量是有害的？

要注意的是，目前的建議沒有經過實驗測試或科學驗證，它們基本上是依據與螢幕使用時間相關的機會成本來看的，也是以被動式科技產品如電視和 DVD 等的研究為依據。（以互動式螢幕來做研究才剛起步而已。）

目前的建議也將所有螢幕產品視為等同的，然而並不是那麼一回事。花一小時在 iPad 上創作一個故事，跟花同樣時間玩暴力電動遊戲的本質是全然不同的！透過 Skype 與祖母說話，跟看電視是不一樣的，它們根本是不同的經驗。因此，只是依據孩子的實際年齡，就要定出所有孩子適用之精確、量化的安全螢幕使用時間，是不可能的。這不是正確的科學，也沒有所謂的安全螢幕使用程度。

此外，以現今的數位時代而言，目前澳洲的建議是僵固且過時的。從我個人的經驗來看（針對全澳洲的父母與教育者），許多人並不清楚這樣的指導原則其實一直存在。如果家長與教育者清楚這些建議，也經常會認為這些建議很難站得住腳、不切實際，且經常漠視這些建議。（有關目前螢幕使用時間的建議會在第十章做進一步討論。）

非常艱辛的童年

如同我們所看到的一樣，身為父母親，我們努力要對孩子如何使用科技產品做出最有自信的決定，我們無法從自己不一樣的童年經驗裡面找到參照點，我們也沒有其他的父母角色模範可以仰賴——我們不能向那些孩子已經較大了的朋友請求指引，因為大部分的情況是：他們的孩子並沒有和我們的孩子接觸到同樣的小玩意與科技產品。

身為成年人，我們常常美化我們自己的童年。我們想要孩子跟我們有同類型的經驗。但我們似乎忘記了：事實上，我們很多人在成長過程中，的確也有接觸到科技產品。我們當然不像我們的孩子現在接觸的那麼多，或那麼容易接觸到，但是，我們也不是成長在完全沒有螢幕產品的世界裡。

我們忘了自己也曾經看過電視或者玩「星際侵略者」的遊戲，我們也曾用手提式錄放音機或是隨身聽來聽音樂，或者是玩過「拼字與檢查」的教育性遊戲，或是用拍立得或拋棄式的柯達相機照相（我們必須要承認，它們或許不像自拍那樣，而且也需要花好幾個禮拜的時間才能把過曝的照片洗出來）。

但是，當社會引進一種新科技的時候，我們仍需要為人性的傾向而擔憂。的確，印刷業在一四四〇年剛出現的時候，曾經引起社會的恐慌（人們害怕印刷業會破壞我們說故事或者是語言的溝通），同樣的關切在電視剛出現的時候也再次發生。

的確，在一九九九年，道格拉斯・亞當寫了《銀河便車指南》（*The Hitchhiker's Guide to the Galaxy*）這本書，他提出網際網路會改變世界的說法。同時，他也寫了：

1. 在我們出生時就已經存在的所有事物，就被視為是正常的。
2. 任何在我們三十歲以前所發明的東西，是非常令人振奮且具創意的，而且我們可望靠它吃飯。
3. 任何在我們三十歲之後所發明的東西，是違反自然順序的，而且是文明就要結束的徵兆，如同我們所知道的：這些新事物大概要在我們身邊十年，我們才會當它是真的好東西。

現在的童年是這麼的不一樣。在我們成長的年代，把看電視的特權拿走，常常是一種處罰的方式。然而，現在可不是那麼一回事了。根據一項二〇一五年由 Miner & Co 所做的研究發現：讓孩子們看電視（而不是玩電動遊戲或者使用觸控螢幕產品）是懲罰孩子的一種現代方式。電視現在被視為一種次等的螢幕產品了。

童年是一個非常聖潔的時期，也是我們生命中非常特殊的一段時間，是需要去珍惜、保護的，因此，我們擔心數位產品會毀掉這些寶貴的時間，是再自然不過的事。

打破科技迷思

迷思：技會引發 ADD（注意力缺陷）或 ADHD（注意力不足過動症）。

事實：沒有研究結果證明使用螢幕會導致 ADD 或 ADHD。

有一個很常見的假設是：影像與內容經常改變，可能會破壞孩子的注意力。雖然有些研究證明，過度與／或不當使用螢幕與注意力之間有關聯（或連結），但我們沒有任何的證據可證實**科技本身會導致注意力的問題**。

然而，季默曼（Zimmerman）與克里斯塔奇斯（Christakis）在二〇〇七年的研究發現：暴力及無教育性質的節目跟後來的注意力缺陷症狀有關，而接觸教育相關的內容則不會與注意力問題有關。

有注意力問題的孩子之所以會去找螢幕產品，是因為它提供了步調快速、連發炮式的內容嗎？這種螢幕速度與瘋狂的精力可以滿足孩子在活動或動作上的需求，因此很吸引這些孩子嗎？又或者，伴隨著鈴聲與口哨聲的螢幕產品會讓孩子產生注意力的問題嗎？我們目前還不清楚。

科技罪惡感

有關年幼孩子與科技，因為缺乏正確以及一致的資訊，會造成家長一種道德上的恐慌、以及難以抵擋的感受，也會造成許多家長的科技罪惡感與科技的羞愧感。

我使用了「科技的罪惡感」這個名詞，來形容身為家長的我第一手目睹的現象。我經常跟其他的父母親在公園裡面或海邊談話（這是很棒的非正式研究來源），如果談到科技的主題，我常常會偵測到一種罪惡感或者是丟臉的感覺：「喔！不！我的孩子不看電視。」或者說：「我已經禁止他使用 iPad，這個對他們沒有好處。」以及：「我們絕不會讓孩子玩電動遊戲。」（而且，不，我通常在這個對話進行中，不會揭露我是做什麼工作的！）

常常有一種污名化是與年幼孩子使用科技有關，也就是科技往往被視為對孩子不好，應該想盡辦法來避免。許多父母親如果承認他們的孩子在使用科技產品，總是覺得有罪惡感。我常常聽到父母親私底下會承認說：「我是一個壞媽媽，我讓我的孩子看電視。」或者是：「我讓孩子使用 iPad 的時候，覺得好罪惡。」其他父母親或比較年長的成人，在懷舊式地回首他們的親職旅程時，也會擔任公審的角色，我稱之為科技的羞愧感。有些父母親會害怕：如果他們讓孩子使用螢幕產品或者自己在孩子身邊時使用一些行動裝置，他們會被批評是不良父母。

道德的爭議也出現在社會的媒體上，也就是關於父母親是否應該允許孩子使用科技產品，或他們應不應該在孩子身邊使用科技產品。部落格與社群媒體上所公布的一些資訊，也常常譴責父母親允許孩子使用科技產品，導致父母親對他們自己或孩子使用數位產品的習慣產生不必要的罪惡感。

個案研究

為什麼我們不能太早產生科技的羞愧感？

布萊德在他的兒子出生之前十一個月被公司解雇了。身為家中唯一的經濟支柱，他感受到要養家的沉重財務壓力。布萊德在被解雇之後，就一直積極地找工作，事情看起來也很有希望。他被列入第二輪面試的候選名單，心裡也覺得輕鬆多了。

布萊德決定帶他的兒子到公園去玩。一封電子郵件的通知出現在他的手機上，他立刻檢視了郵件、閱讀那則好消息，他成功地獲得第二次面試的機會。布萊德發現隔天就是面試時間，於是他很快就傳簡訊給他的母親，要安排第二天照顧他兒子的事宜。這些動作都是布萊德一邊看著兒子在遊戲設備上攀爬，一邊完成的。

公園裡有個奶奶看到布萊德一直在使用手機，嘴裡念念有詞說了一些難聽話，而且馬上用她的 iPhone 拍下他的照片，放在社群網站上，她宣稱布萊德是一個忽略孩子的父親，因為他一直黏在自己的數位產品上。

這顯然是一個不正確的印象，因為事實並不是如此。但是上傳的照片如病毒似的傳開，布萊德在社群網站上被公然毀謗——顯然，這位奶奶並不知道整個故事。

數位親職

我們的科技小產品不斷地讓我們分心。數位產品是我們生活的基礎，身為成人，我們許多人與我們的智慧手機有一種依賴的關係，我們甚至可能會因為「無手機恐慌症」而痛苦不堪，擔心手機不在身邊。事實上，一個二〇一三年的研究估計我們每天檢查手機的次數超過一百五十次，相當於一天花超過三個小時在手機上，而平均花在社群媒體的時間有一點七二個小時。

我們覺得自己非得立刻回覆每一個進來的訊息或通知。我們經常還沒下床就伸手拿手機，檢查電子郵件以及社群網站。我們拍下孩子的照片、放在社群網站上分享；我們仰賴谷歌博士來做醫療診斷，而不是求助於家庭醫師。

我們生活在一個經常分心的狀況下，這也改變了我們的親職方式，而且經常忽略了科技是如何改變了孩子的童年。我們假設科技是主要且直接地影響我們的孩子，而它的確也正在這麼做，然而科技也用以下的方式衝擊著我們的親職工作：

- **父母的分享**：過度上網分享我們孩子的一些里程碑。
- **科技性忽略**：當我們沉醉在數位產品中時，我們沒有給孩子足夠的注意力。
- **害怕錯過回憶**（FOMM, fear of missing memories）：我們想要抓住孩子發展的每一刻，存到智慧手機上，卻沒有真正活在當下。

這些現代親職的習慣，將會在本書裡逐一深入探討。

為什麼「我們」的螢幕習慣是這麼的重要

一個最近的神經科學對鏡像神經元的發現，可以協助我們解釋為什麼我們的嬰兒與孩子會模仿或者是「鏡像」我們所做的每一件事。我們的鏡像神經元是神經細胞的一個網路，佈滿我們的運動神經，而它們主要功能是模仿或鏡像每一件所看到的事情。將所觀察到的行為儲存在腦袋裡，當我們稍後需要表現這項工作或行為時，就會從腦裡取用。

> 常常有一種污名化是與年幼孩子使用科技有關……

這就是為什麼身為人類，我們可以很快地學得一些技巧。我們從出生開始就會與其他的人類互動、模仿他們正在做的事。事實上，研究已經顯示：才出生十五分鐘的嬰兒都能夠模仿父母親伸舌頭（並不是因為他們肚子餓了）。

這也是為什麼我們的孩子會扮演電影裡面的一些超級英雄跟童話人物——也是為什麼我們必須要非常小心，注意我們的孩子到底從電視、電影、電動玩具、網站或應用程式裡面吸收了些什麼。他們腦袋的主要功能就是用來模仿的。

我們孩子模仿角色行為的能力，會影響數位時代的許多親職面向，尤其是我們在孩子身邊使用科技產品的習慣。我們使用數位產品的習慣（經常檢視手機、或是花很多時間猛看電視），一直在被孩子吸收與模仿。

科技在孩子發展過程中的可能危害

孩子出生後的前五年是腦部發展的關鍵時期（請看次頁「早期腦部發展」圖表）。被使用且重複使用的神經路徑會被強化，沒被使用的則會被摒棄。

有鑑於孩子在年幼時就接觸科技產品，而且使用的時間越來越多，我們需要去思考：接觸數位產品會如何改變他們的基本腦部結構？我們需要去思考：孩子早年使用數位產品的經驗，對他們整體的發展、健康與福祉，都會產生相當強有力的影響。

早期腦部發展

- 八成孩子的神經網絡（腦部的連結）在三歲的時候已經形成。
- 每秒鐘有七百個神經連結形成。
- 神經的連結是經由孩子的經驗與他們所成長的環境之間的複雜互動而形成。
- 這些腦部的連結會建立基本的腦部結構，而這也決定了孩子接下來的學習、行為、社交與健康的結果。

早期腦部的發展

無疑的，數位超載的童年對我們的孩子可能會有發展上的危機。科技對年幼孩子來說，不一定是有毒或者是禁忌的，但是我們可能不夠認真看待其中的危險，如果我們不是以孩子的發展需求為考量而使用數位產品，像是過度使用或不當使用，就可能誤導了孩子的發展。

孩子可能囫圇吞棗地接受了許多數位產品，而其中有很多是我們不了解的。我們對於每一種科技是如何塑造孩子的發展都還沒有很清楚的了解（要記得，iPad 是二〇一〇年才出現的），而許多有關年幼孩子與家長使用科技產品，對於孩子身體、心智、情緒跟社會發展有任何長期影響的問題，依然還沒有答案。就某方面來說，我們正在做一些活體實驗。這是為什麼我們必須採取謹慎、深思熟慮的方式，來將科技產品介紹給孩子。

華倫・巴克雷納（Warren Buckleitner）是兒童與科技關係的專家，他說：「科技就像肥料一樣，在適當的時間使用一點點，植物就會盛開，使用太多或者是用錯肥料，你就會讓植物死亡。」

但是，如果我們聚焦在我們所知道的事實，就會發現我們有一個相當周全的平台，可以從中獲得科技如何影響孩子童年的相關資訊、並做決定。

孩子可能囫圇吞棗地接受了許多數位產品，而其中有很多是我們不了解的。

首先，我們有足夠的證據證明，孩子對一些科技產品是如何使用與反應，特別是比較傳統形式的科技，包括電視或者是電動遊戲。我們常常以這個研究為基礎，對互動性更高的螢幕產品做假設，尤其是涉及到螢幕使用時間與媒體的內容設計時。然而，更多互動、更細緻的螢幕裝置（像平板產品及互動的遊戲操作臺），引發孩子的思考與反應是不同的。也就是說，將較傳統科技的研究結果，套用在當前由互動科技主導的數位科技的趨勢上，可能未必適當。

第二，我們從發展科學與神經科學領域對兒童發展所做的許多研究來看，對孩子基本、不變的發展需求，已經有一致性且完整的了解，我將其稱之為「兒童發展的七個關鍵基石」，而每一個基石都會在本書裡面做探討。當我們將孩子的科技經驗與他們的發展需求配對時，就可以確保孩子使用螢幕的時間不會損及他們的健康或發展。

心理學家、家長、兒童發展專家、教育者、醫學專業人員及相關的健康專業人員都聯合起來，呼籲民眾關注，他們建議跟孩子（特別是未滿兩歲的孩子）一起使用科技產品時，要非常小心。

在我們對於螢幕對孩子發展的影響有更全面的了解之前，我們必須非常小心注意孩子使用螢幕的習慣。有些可能的危險，是與孩子生活裡持續不斷、無所不在的螢幕有關的，包括對孩子身體、社會情緒、認知發展有害的影響。科技可能會導致：

- **妨礙傳統的發展軌道**：下一章我們會探討得更詳細一點。腦部的發展是從底部開始建構的，也就是從腦部的知覺與運動區（腦部的原始區）開始發展，隨著時間逐漸往前額葉皮質區

（是腦部高階層思考技巧如衝動控制以及工作記憶的部分）移動。專家們關切的是：在前額葉皮質準備好要處理數位產品所帶來的聲音跟視覺的衝擊之前，科技產品可能會過度地刺激腦部的知覺區域。

- **取代重要的發展經驗**：如果科技未能被適當地使用（不管是孩子使用，或是家長在他們身邊使用），都會危及我們孩子的人際關係、語言接觸、睡眠、玩耍與身體的活動（記得，身為成人，我們如何使用科技就像孩子使用科技一樣重要）。
- **曝露在有毒的內容裡**：孩子常常在沒有成人適當監控的數位遊戲場裡玩耍，一方面是因為我們時間有限，一方面是對孩子上網做些什麼缺乏了解，也不明白一些既存的危險。曝露在不適當的內容裡，像是色情、暴力的媒體、可怕的內容、不健康的身體意象，都可能對孩子發展造成負面的影響。
- **健康的危機**：科技可能會帶給孩子許多身體與發展的危機。雖然我們還沒有確切的科學證據，但是過度使用或不當使用螢幕產品，可能對孩子的體重、睡眠、視力、聽力跟姿勢，帶來潛在的危險（這些都會在本書裡面進一步探討）。也有越來越多人關心年幼孩子持續曝露在無線網路中的可能健康危機（這也會在第十一章裡面做探討）。

我們必須要確定，在把科技產品拿給年幼的孩子之前，這些產品已經經過仔細選擇而且管理得當。在思考是否讓孩子接觸科技產品、評估其是否與孩子的學習及發展相稱時，我們自己需要提供強而有力的角色模範給孩子們。

科技對孩子學習與發展的正面影響

我們必須要知道年幼孩子使用科技是有許多好處的。科技會為年幼的孩子提供新的學習機會，就如同「全國年幼孩子教育聯盟」（National Association for the Education of Young Children, NAEYC）與美國聖文森學院（Saint Vincent College）的「佛瑞德羅傑斯中心的早期學習與兒童媒體」（Fred Rogers Center for Early Learning and Children's Media）所發表的聯合聲明指出：有許多的研究證實，**當我們有意的、而且以適合發展的角度來使用科技的話，孩子就能夠從科技中獲益**。

科技支持年幼孩子學習的方式有：

1. **迎合視覺上的喜好**：俗話常說「一幅畫勝過一千字」，對今日的學習者來說特別正確，因為他們顯然是視覺的學習者。他們在一個高度視覺的世界中成長，受到許多的影像所包圍，像是電視、電腦、行動裝置、廣告展示以及傳統媒體。

   身為人類，我們腦部的視覺皮質比聽覺皮質要大上五倍，我們本來就容易受到視覺影像的吸引。科技也提供了特別的機會來迎合這種視覺的喜好，讓孩子去瀏覽與創造他們自己的視覺影像。

   現代的孩子對於美感也具有非常敏銳的鑑別力，知道什麼是好看的，因此他們渴望創造賞心悅目的作品，而科技讓他們很容易做到（舉例來說，學齡前的孩子可以利用 Book Creator 和 Toontastic 等應用程式，用動畫的人物來創造數位故事）。

2. **彌補一些慢慢浮現的技能**：科技是一個很棒的工具，可以彌補及支持年幼孩子一些慢慢顯露的技能。它也可以提供協助給有額外學習需求的孩子。舉例來說，科技可以讓孩子用自己的聲音來敘說、創造一個數位故事（使用之前所提的兩種應用程式）。科技讓孩子能夠用符合自己生產能力的方法來創作，這對年幼的學習者或有額外學習需求的孩子來說，是非常賦能的（讓他們感覺有力的）。如果孩子被要求使用紙筆等較傳統的學習材料的話，經常就不是這麼一回事了。

3. **允許做選擇**：無論是選擇點閱哪一則 YouTube、玩電動遊戲時下決定、或者在應用程式裡選出正確答案，孩子都喜歡選擇。科技提供了一個平台供孩子做選擇，這種選擇的自由是吸引孩子的原因之一，特別是許多孩子活在嚴格控制與凡事都有時間表的生活裡，大部分都是由別人為他們選好的，他們無法選擇。

4. **編輯變得簡單**：科技讓孩子可以輕鬆創造和編輯數位作品，只要壓下「刪除鍵」然後重新打字就可以修改內容，這比傳統的擦掉重寫還要更容易。

比起傳統的方式，孩子更有可能修正及改善他們的數位作品。我觀察到許多孩子會因為內容有錯誤、遺漏或者是對品質不滿意，而去編輯他們的錄音或是影片。我們很少看到孩子在使

建議跟孩子（特別是未滿兩歲的孩子）一起使用科技產品時，要非常小心。

用較傳統形式的媒介（像是筆跟紙）時，會以同樣的堅持態度來修正。

5. **提供立即的回饋與滿足感**：現在的孩子渴望立即的滿足感，他們想立刻知道他們是對了還是錯了。他們想要立刻接觸到一些資訊，因為他們是成長在一個下載音樂、聽網路音樂的時代，而不是存零用錢買唱片、錄音帶或 CD 的時代。

當孩子使用可以立即回饋的科技時，他們就得以確認或是否決他們對事物的理解，也可以避免一直重犯錯誤。舉例來說，當孩子正在玩一個應用程式，收到立即的回饋告訴他們說「六乘以九不等於五十六」時，他們就必須要立刻修正錯誤。

這種立即回饋的方式，提供了學習者認知上的衝突，意思是說孩子可以更快速且更正確地學習一些觀念，特別是一些關於事實的學習內容（像是數學、發音與拼寫）。

6. **允許互動式的學習**：年幼孩子可以從互動式的教育性媒體中學習，例如應用程式、網站及電動遊戲。當孩子與螢幕上的內容互動時，他們有機會藉由操作螢幕上的物件或資料，去驗證自己的想法、做一些預測，以及確定或駁回他們的假設。

這種動態的互動方式支持了學習。舉例來說，使用 Motion Math 推出的「飢餓孔雀魚」（Hungry Guppy）這個數學應用程式，孩子可以藉由餵數字泡泡給魚吃而學到基本的數字觀念：如果孩子餵食了正確的數字，使之相加總合等於魚背上的數字，魚兒就會吞下泡泡而且長大；如果孩子餵食了錯誤的數字，魚兒就會拒絕那個答案、把泡泡吐出來。

在這個案例中，孩子正在操作一些想法，並使用動態的方式測試他們的想法，同時也接收到立刻的回饋。這是一個非常具互動性的經驗，跟在作業簿或教科書上演算數學的作答方式相當不同。

7. **提供機會來創造內容**：科技給予年幼的孩子相當有力的工具，來創造數位的內容（而不是像之前他們看電視或 DVD 那樣被動的吸收而已）。現在的數位兒童正在網路的空間裡面創造、上傳與分享一些自己的作品。

在我擔任研究者跟老師的工作期間，我看到很多學前孩子記錄、編輯以及分享他們的影片；我也看過幼稚園的學生以動畫、背景音樂及旁白的方式，創作自己的電子書；我還看到小學的孩子使用像 Aurasma 與 FETCH! Lunch Rush 這類的應用程式，來計畫、創造與編輯他們的動畫或者是擴增實境的產品。而他們都是使用一般的科技工具，如平板電腦、筆電與數位相機來做這些事情的。

8. **提供立即取得資訊的管道**：孩子可以很快地利用谷歌搜尋訊息，幾秒鐘之內就可以找到資料。這能夠讓孩子在學習的關鍵時刻迅速取得資訊並拓展學習，而不會因為需要去找書或其他傳統資源裡面的資料，而延後或者是阻礙了他們的學習。

9. **允許變異**：教育學者跟家長們面臨孩子的教育性科技時，會因為選擇太多而不知如何下手。我們可以找到符合孩子真正學習所需要與喜歡的應用程式、網站、遊戲、電動遊戲、影片以及動畫。對於有額外學習需求的孩子來說，可以修正他們的觀念、鞏固他們的學習（通常是以快樂參與的方式）。

不像較傳統的教學形式那樣仰賴教科書跟作業簿，現在我們有更迅速也可負擔的方式，可取得那些可支援學習的數位資源。

新的遊戲與溝通方式

孩子現在會在網路世界裡玩遊戲，而數位科技提供了相當令人興奮的機會，來豐富孩子的遊戲經驗。雖然，科技玩具與數位遊戲經驗無法取代傳統的玩具，但是它們可以提供新穎的遊戲方式，從互動電視、應用程式到遊戲機，當年幼的孩子進入且探索新世界，創作音樂、書籍、影片與動畫，就能夠拓展他們的遊戲經驗（請見第六章有更詳細的內容）。

科技也可以拓展孩子溝通的機會。視訊聊天的功能讓孩子能與遠方的家人進行有意義的對話，因此豐富他們的人際關係及發展語言技巧。父母親可以看到孩子的照片和影片，並且將之分享給其他的家人，來增加彼此的互動；當年幼的孩子可以看到、並分享自己和家人的照片與影片時，他們也得以回顧或討論一些重要的家庭事件。透過網路遊戲他們也能夠參與即時的互動。

簡而言之：要警覺、但不必驚慌

我們可能害怕或者是忽略科技入侵孩子的生活，或者我們可以引導孩子學習健康有益的習慣，在數位世界裡生活與茁壯。孩子需要我們成為他們的科技良師，我們需要了解：**如果有意**

識的善用科技，而且符合孩子發展的方向，它就可以支持及提升孩子的發展。

為了適當的使用科技及引導孩子，我們需要具有證據支持的資訊與事實，而不是科技迷思。作為家長與教育者，我們需要聚焦在科技可提供年幼孩子的積極面，同時也減少任何可能對他們發展不利的因素。

我們也要注意，孩子使用螢幕的時間，不能夠取代其他童年的關鍵面向。我們可以做很簡單的事情來確保他們養成持續而健康的科技習慣，卻又無須犧牲他們長期的健康與發展（不需要禁止看電視或者是拔掉遊戲機的插頭）。

聽起來好像很簡單，但是最重要的是：身為父母親，在一個數位科技無所不在的世界裡教養小孩，我們可以做的就是提供他們平衡的經驗。孩子需要爬樹、建沙堡、跟朋友一起奔跑嬉鬧、騎腳踏車，以及體驗許多童年的美好事物。不要讓科技干擾或者減少這些經驗，而是要找出方法，讓科技交織進童年的世界，補足並強化傳統童年的不足之處。

教導孩子如何建立健康、可持續發展的科技使用習慣是很重要的。為了有效執行，我們需要示範健康的媒體使用習慣（我知道，說比做還容易），以及教導孩子如何去拔掉科技產品的插頭。我們要他們有意識且適當地使用科技產品，科技才能支持而不是阻礙孩子的發展。

下一章會總覽孩子發展的七個重要基石，同時勾勒出科技可能如何阻礙或支持這些基石，這都端賴我們如何使用科技。

本章精華回顧

現代父母親與教育者在養育與教育數位時代成長的孩子時，會遭遇許多的阻礙與迷思。

- 我們被排山倒海而來的科技資訊、以及科技快速變化的步調所迷惑。
- 誤導的媒體標題以及彼此衝突的建議，讓我們害怕也覺得困惑，因此造成了科技迷思的存在。
- 我們在沒有任何參考架構之下，教養在數位時代成長的孩子。我們在做親職決定時，沒有角色典範可依靠及引導，因為我們不是成長在數位科技的時代。對我們來說，要做親職的決定是困難的，因為現代的童年對於在類似童年經歷中長大的我們來說，是如此的陌生。
- 雖然有一些潛在的發展危機與孩子過度使用或不適當使用科技有關，但若能夠符合孩子的發展需求，科技也可以正向地影響孩子的學習與發展。

第2章 年幼孩子發展的七個重要基石

在數位時代，發展中的孩子需要茁壯（而不只是生存）的理由

為何？你可能會很驚喜……

這一章會提供一個簡短的腦部發展的總覽（把它當作是為家長開設的神經科學入門課），我會探索七個孩子健康發展的基石，同時勾勒出科技是如何侵蝕、或是被用來支持我們孩子的發展。這是接下來所有章節的基礎，而這些想法也會在後面的章節做詳細的討論。

為何出生後的前幾年很關鍵？

由於腦部科學與發展科學的進步，我們對於數位時代的年幼孩子真正需要什麼才得以茁壯成長，有了更完整的圖像。舉例來說，我們知道生命早期對孩子的發展來說是絕對關鍵的，特別是腦部的發展。我們也知道孩子的腦部在其出生後前五年的成長幅度與速度，超過生命過程的其他時段。兒童發展研究者福克斯（Fox）、利威特（Levitt）與奈爾森（Nelson）提到：有百分之八十的腦部發展是在出生後前三年發生，而百分之九十則是在五歲前就發展完成。這些

出生後的前幾年很重要

嬰兒出生時約有

一千億個

神經元（腦細胞）

出生後前三年每一秒鐘就有

七百個新的突觸

（大腦的連結）出現

強化・經常使用的突觸，會變得更強且持續存在

剪裁・未曾被啟動的突觸，因為沒有使用而消失

90%的腦部構造在
孩子五歲前完成

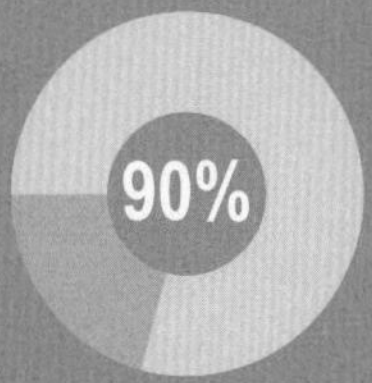

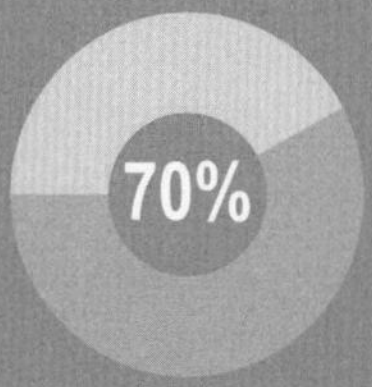

70%腦部發展的是後天的
（孩子所遭遇的經驗），
30%是先天的（基因的藍圖）

統計數字強烈的提醒我們，需要將兒童出生後前幾年的生命做最正確的處理。我們孩子的早期經驗（他們所見、所聞、所碰觸、所嗅得與品嘗的所有事物）都會刺激他們的大腦，這些刺激產生了數以百萬計的神經連結，構成我們終生的學習、健康與行為的基礎。

孩子與父母們在這幾年的螢幕使用，對於塑造孩子腦部的結構與發展是非常關鍵的。數位的超載或是不良的數位產品使用習慣，會影響孩子的社會、情緒、智力與身體發展。同樣地，適當的使用科技可以輔助孩子的成長。

> 典型的腦部發展是取決於孩子的基因與其所遭遇經驗的互相影響。

神經學入門課：孩子的腦是如何發展的？

典型的腦部發展是取決於孩子的基因與其所遭遇經驗的互相影響。正常的腦部發展是從腦部（後腦）的知覺與運動區域開始，這被認為是腦的原始部分，過去負責人類的進化與生存，同時也是嬰兒定位反應的起源。這解釋了當孩子聽到巨大聲響時為何會有震驚的表現，或是轉頭去看電視——他們的注意力提醒他們環境的改變，也提升他們的感官知覺。

在接下來的三到四年間，隨著正確的經驗，典型的腦部發展會從原始區轉移到前額葉皮質區（prefrontal cortex，位於前頭蓋骨的後面），高層次的思考技能如衝動控制、工作記憶與心理彈性，都在此處發展。前額葉皮質區有時被視為是執行長或空中交通管控系統，因為這裡是執行功能的補給站。這部分的腦一直到女性二十出頭及男性二十八、九歲，才會發展完全。

腦部這種漸進式的發展，是有些健康專業人員與教育者關心「提早將螢幕介紹給孩子可能對其發展產生影響」的原因之一，尤其是在孩子的前額葉皮質區尚未充分發展前，吵雜與忙碌的數位世界可能對孩子的注意力產生不良影響，以及過度刺激腦部的感知區域。年幼的孩子，在大腦尚未準備好處理這種類型的資訊輸入時，就已經經歷了知覺超載。

身為成年人，我們了解科技對我們的注意力具有強烈吸引力，也知道成癮的可能性。當螢幕不由自主地吸引我們的注意力時，會啟動腦部的感知區域（原始區），並增強此區的神經路徑。相反地，當我們出於自主地將注意力放在某項事物上（或許是環境中的另一個人或物品），我們會增強另一組全然不同的前額葉皮質區的神經路徑（如衝動控制與工作記憶）。

有鑑於嬰兒或年幼兒童前額葉皮質區尚未發展完全，他們還沒有可引導注意力的衝動控制能力，反而可能由原始的定位反應來主導或引導其注意力。因此如果我們將年幼的孩子推入一個不斷競相攫取他們注意力的數位世界裡，我們就可能改變他們腦部連結的方式，這可能會危及他們前額葉皮質的發展。我們尤其擔心：一旦孩子沉浸在數位世界裡，感官不斷地超載，其專注力的範圍可能會縮小（在第九章將會詳細介紹）。

也有人擔心腦部運動區域的發展，這是基本動作技能學習之所在，如果孩子看螢幕的時間不斷地取代了身體運動的機會，就可能受到影響。運動對於腦部的發展極為重要，然而如果孩子花太多時間在滑動或按壓螢幕產品上，他們就沒有足夠的時間去發展這些重要的體能技巧，尤其對於兩歲以下的嬰幼兒來說，發展早期是學習基本動作技能的關鍵時期，而這些基本動作技能是往後發展與學習的重要先決條件（在第七章會有更詳細的說明）。

先天還是後天？

我們常把孩子的特質或行為歸咎於基因問題：「他數學很好，就像他老爸。」或「她是從我這裡遺傳到固執的。」

然而與一般信念相反的是：基因在決定孩子潛能的發展上，只扮演了一個小角色。基因提供了發展的藍圖，但是他們的經驗決定了何時與如何抵達發展的里程碑，事實上，孩子的學習與發展能力是由基因與環境共同決定的。

全國發展中兒童科學委員會（National Scientific Council on the Developing Children）的研究顯示，孩子的經驗可以決定他們的基因是開啟或關閉，或者到底有沒有被啟動。他們估計孩子發展的百分之七十歸因於經驗，而約百分之三十由基因所決定。因此，孩子在早期生命中所遭遇的經驗，以及當時所處的環境，對塑造他們發展中的腦部結構相當重要，也強烈地影響他們的發展。

與一般信念相反的是：基因在決定孩子潛能的發展上，只扮演了一個小角色。

舉例來說，幼兒對於壓力情境的反應方式，除了他們所遇到的角色模範（通常是家人或照顧者）之外，主要是仰賴他們天生的氣質（主要由基因所決定）以及孩子與環境中其他人的關係來決定。

數位童年

假使我們已經知道典型腦部發展的知識，那麼很重要的是：我們必須仔細並且批判性地檢視我們所養育孩子的數位環境。一個嗶嗶、砰砰、隆隆作響的數位世界，會對孩子的發展施加強大的影響。如之前所提，身為父母親，我們與孩子周遭科技的互動方式，也會強烈影響孩子們的發展。在父母親一直使用數位產品時，他們就不能提供孩子最理想發展所需要的互動形式。孩子需要一種有來有往的互動方式，來發展他們人際關係及語言技能（如第三、第四章所將探討的）。為了發展，他們也需要眼神接觸，以及來回的互動方式，而當家長的眼睛一直緊盯著螢幕時，這種情形就絕對不會發生。我們需要確定：**在我們教養孩子時，自己是與孩子同「在」的**。

我並不是建議說我們在孩子身邊絕不用電話，當然不是那樣（我在孩子身邊時，偶爾也使用電話）。但是我們必須要很小心注意，我們在孩子身邊時是在示範健康的科技習慣。如果花費太多時間在科技產品上，可能會破壞、侵蝕我們與孩子間的關係，家長若未能專注在孩子身上，可能會無形中傳達給孩子一個強烈的訊息，他們會感受到科技以及自己在父母心目中的角色和分量！

個案研究

史提夫被他的智慧手機糾纏不停，他在吃早餐時看電子郵件（睡醒時也才檢查過），在他帶四歲女兒伊麗莎去公園、替她搖鞦韆時，也會一邊查看社交網站上的資訊；在跟伊麗莎說話的時候，如果他聽到電郵通知，也會停下來。伊麗莎渴求他的注意，他會在完成手機上的「還有一件事」之後，才做回應。在伊麗莎才四歲的時候，她就已經很清楚史提夫的行為，也常因為爸爸對手機的執迷而苦惱。

有一天，史提夫送伊麗莎去幼稚園、放下她之後，伊麗莎因為爸爸沒有親她而淚流滿面。他沒辦法親她是因為他正在接一通「很重要的工作電話」，伊麗莎很流利地告訴她的老師：「我爹地才沒有智慧手機，那是一支笨手機。他認為我很無聊，因為他想做的只有講電話跟看手機而已。」

科技小撇步

設立「不用電話」的時間。在每一天的特別時段裡使用電話，通常比設定何時不用電話要來得容易些。或許在早上、午餐或晚上時查看社交網站，一天看電郵兩次。如果我們設立了界限，會比沒有設定時更可能去遵守。

所以，什麼是發展中孩子所真正需要的？

儘管生活在數位世界，我們孩子的基本發展需求依舊未變，最理想的兒童發展仍然需要簡單的事物。孩子需要有機會與物品、玩具及其他孩子一起玩耍，他們需要有機會去活動、與人互動、探索、建立關係、睡眠與攝取營養食物，這常常稱之為「祖傳的教養方式」，因為它是指承自我們祖父母而來的基本、優良的教養方式。因此，當孩子的發展模式幾乎未變的情況下，我們現在卻要對付數位產品。孩子不一定需要閃示卡、DVD、應用程式、早期學習課程與數位玩具來學習與茁壯成長。如果仔細選擇並用對方式，數位科技可以協助孩子學習與發展，但這些並不是必要的。

科技的確有可能會誤導孩子的發展，尤其是當它取代了許多攸關發展的傳統兒時經驗時。不能否認的是：這樣的替代效果是在孩子使用與沉浸在科技中時，我們最主要的關切事項之一。當孩子使用螢幕產品時，就必須付出機會成本（譯註：指在面臨多方案擇一決策時，被捨棄的選項中的最高價值者，是本次決策的機會成本）。

好消息是：如果用對方法，科技也可以支持這些重要的經驗，科技可以成為支持孩子學習與發展的珍貴輔助工具，它可以豐富與拓展孩子的發展，提供獨特而有趣的經驗給孩子。

很重要的是要留意：這並不是要培養溫室裡的孩子、試圖加速他們的學習與發展，而是確保在數位時代，提供每一個孩子足夠的經驗，以支持而非扼殺他們的學習與發展。

假如我們知道經驗解釋了孩子七成的發展，那麼關鍵的是我們要提供他們對的經驗。我將這些重要經驗稱之為「基石」，以下將針對這些孩子需要茁壯成長的基本而不變的需求，做概括的說明。

基石一：依附行為與關係

為了能夠健康的發展，嬰兒與年幼的孩子需要與照顧人形成堅強的依附關係。溫暖、可預測及充滿愛的關係，可以讓孩子感受到安全，而當他們覺得安全，就能夠學習。

不管他們的智力如何，當孩子沒有感受到安全、或是體會到慢性的壓力時，他們就不會學習與發展，因為他們的認知資源都用來保證基本的需求被滿足，而不是用來學習。壓力也會釋放皮質醇、影響杏仁核的神經元，杏仁核是腦部用來協助學習與鞏固記憶的部位。

科技可以協助或阻礙孩子與父母及照顧人的關係，對他們的社交技能也是一樣，端賴於如何使用（我們在第三章會說得更詳細）。

> 科技可以成為支持孩子學習與發展的珍貴輔助工具。

基石二：語言

嬰兒與年幼孩子需要許多的機會去聆聽與使用語言。一個二〇一二年在《視覺期刊》（*Journal of Vision*）所發表的研究，觀察到嬰兒與成人間「有來有往」的互動情況（說很多話、與成人直接的眼神交會），事實上能啟動嬰兒腦部的特定部分，這是他們盯著物品看時不會出現的情況。

事實上，語言會連結並建構我們的大腦。父母親與教育者扮演了孩子語言能力發展的關鍵角色。很不幸地，科技可能會妨礙這個基石的建立。舉例來說，我們知道用電視當背景會妨礙孩子的語言發展，我們也知道嬰兒 DVD 對嬰兒的語言發展有負面影響，與市場行銷所宣稱的正好相反。

然而，如果以健康有益的方式使用，科技也可以促進語言發展。舉例來說，跟孩子一起觀看節目，有益於建立孩子的語言能力（這會在第四章探討）。

基石三：睡眠

睡眠對於孩子情緒、身體與心智發展是不可或缺的。睡眠期間會進行記憶鞏固，這對於最佳認知發展的發生非常關鍵。睡眠不足或品質不好可能導致不良的行為與專注力不足，也可能影響孩子的衝動控制與免疫系統。就寢前或是在孩子房間使用數位產品，會嚴重影響孩子的睡眠習慣（減少科技對孩子睡眠影響的實用小撇步，會在第五章詳述）。

基石四：遊戲

透過遊戲，嬰兒與年幼的孩子發展了許多對兒童期發展相當關鍵的技能。一直以來，遊戲就與增進認知能力、溝通能力、創造力、身體發展及情緒技能有正相關。孩子需要有機會使用實體物品（像是積木、沙子與水）做實驗及探索，不管螢幕所呈現的圖像多麼精緻，都無法取代真正實際動手做的體驗（見下方「打破科技迷思」說明）。

令人難過的是，數位玩具與花在螢幕上的時間，已經取代了傳統遊戲的機會；反過來說，小心選擇科技遊戲，以符合孩子發展的方式來使用科技，可以支持與增進孩子遊戲的機會。（遊戲的概念會在第六章詳述。）

打破科技迷思

迷思：嬰兒與學步兒很容易從螢幕上學習。

事實：研究鑑識出一種稱之為「轉換的缺陷」（transfer deficit）的現象，基本上，它說明了數位經驗無法取代嬰兒實際動手做的經驗。一般相信，這種「轉換的缺陷」會一直持續到孩子大概兩歲半的時候。科技可以協助孩子的學習，但是我們知道年幼的孩子從實際操作中所學習到的，要比從螢幕上所學的更多，尤其是在孩子三歲之前。

試想一個十四個月大的孩子會如何學習「柳丁」（水果）的概念。她可以使用閃示卡的應用程式，或者觀看有柳丁圖片的DVD，這些方式可以展示文字甚至顏色給孩子看（不，我們不需要急著教嬰兒顏色，因為這不符合孩子目前的發展）。

孩子或許開始在自己每天的環境中認出柳丁。孩子可能會指著柳丁問爸媽那是什麼，也許在孩子更大一點，她甚至會開始使用「柳丁」這個詞來為真實的生活物品命名。但是她真正了解什麼是柳丁嗎？

為了完全了解什麼是柳丁，孩子需要去碰觸柳丁粗糙的表皮、品嘗與感受柳丁多汁的滋味，她需要去嗅嗅柳丁的味道，咬一口、去感覺流到她雙掌上的汁液。這才是真正的了解！

孩子大概在兩到三歲時會發展象徵能力，這就是為什麼對年幼的孩子來說，從成人身上、及實際經驗與物件中學習，比從螢幕上學習要容易得多。

基石五：身體活動

身體活動對孩子的智能發展與整體的健康是很重要的。當大腦從底層開始往上建構時（記得感知與運動區域最先發展），孩子需要熟練基本的身體技巧，以便稍後發展更精細、高層次的思考技能。就像是建築工人在建第二層樓或屋頂前，需要打好基礎底板一樣，孩子的大腦也需要先發展基本的基礎。

倘若基礎的身體里程碑（如爬行和搖動）被略過，可能會產生連帶效應。像是孩子若沒有花足夠的時間去搖晃、翻滾或擺動，常會造成內耳的前庭系統發育不全，他們需要發展前庭系統才能產生平衡感。因此，若孩子的內耳前庭系統發育不全，就幾乎不可能好好坐在教室裡專心聽老師說話。所以我們必須確保孩子使用螢幕產品的習慣，不會侵佔其基本身體活動的機會。

我們可以用健康而有益的方式來使用科技，以支援與促進孩子的身體活動。舉例來說，我們現在有為孩子設計的互動電視、運動遊戲、需要身體活動的應用程式與健身追蹤器，雖然這些絕對無法取代戶外活動或體能遊戲，但是用來補足較傳統的身體活動還是很棒的，或者用來吸引習慣久坐的孩子動一動也是不錯的方式。

> 身體活動對孩子的智能發展與整體的健康是很重要的。

然而，因為機會成本的緣故，過多的科技可能有害於孩子的身體發展。使用螢幕的時間過長，是兒童期肥胖的一個肇因，也可能延緩了重要身體技能的發展。過多或不當的使用螢幕，也會影響孩子眼睛的健康（與視力），造成肌肉與骨骼的問題（坐著玩遊戲機所造成的重複壓力傷害與姿勢問題）。

今天的數位兒童仍然需要吊吊單槓、騎騎腳踏車、滾滾山坡或爬爬樹，重要的是不能讓科技取代這些經驗（這些因素會在第七章裡詳述，身體健康危機也會在第十一章裡詳細探討）。

基石六：營養

品質好的營養對孩子的最佳發展是非常重要的。舉例來說，有越來越多的證據證實，孩子的飲食必須要豐富多樣，食物裡需要包含不可缺的脂肪酸，以促進腦部的最佳發展。

科技可以協助家長在網路上取得健康的食譜與建議，然而，科技也可能危及孩子的營養。兒童媒體上面盛傳的食物廣告（我們指的不再是電視廣告而已），對他們的食物選擇與喜好具有強大的影響力。孩子在使用螢幕時，也容易一邊吃些不健康的零食，而在用餐時間使用螢幕產品，也會影響孩子的飲食習慣與口味的喜好。（有關數位時代的營養會在第八章探討。）

基石七：執行功能技巧

最後一個孩子最佳發展的重要基石是「執行功能技巧」，是孩子成為有效率的學習者所必須發展的一套技巧與行為。執行功能技巧是在腦的前額葉皮質區發展的，這是腦部最後需要發展的部分（是大腦的執行長）。執行功能技巧是高層次的思考技能，像是注意力、工作記憶、抑制控制與心理彈性。這些都不是新的技能，但卻是生長在數位時代的孩子需要茁壯成長所必備的技能。

科技對於改變執行功能技巧當然也是有正負兩面的影響。舉例來說，我們知道現在是藉由科技產品建構孩子的記憶力與衝動控制技巧，而許多孩子卻遭遇數位難題（這種現象與其他的情況會在第九章詳細討論）。

在數位時代，孩子也需要抑制控制（inhibitory control，或稱「衝動控制 impulse control」）的能力，才知道該如何引導自己的注意力。但是當他們一直被科技產品的閃光與嗡嗡聲綁住，導致注意力不斷轉移時，要孩子做注意力的主人是有難度的（執行功能技巧會在第九章探討）。

本章精華回顧

數位時代的孩子需要什麼來成長茁壯？

- 出生後的前幾年對孩子的最佳發展是最重要的（百分之八十的腦部結構在孩子三歲前建立，而此發展有百分之七十是歸因於他們所遭遇的經驗），數位科技也形塑這個過程。
- 腦部與身體的發展需要幾項簡單的事物，也稱之為「祖傳的教養方式」，我們祖父母的教養方式是理想的典範。
- 孩子發展需要七個關鍵基石，每一個基石都可能受到科技使用的支持或扼殺。

下一章將檢視數位時代的第一個發展基石：依附行為與關係。

第3章 基石一：依附行為與關係

在數位時代很重要的是：我們必須要保護跟珍惜與他人之間的關係。

與他人連結是人類根本且普遍的需求。從出生的那一刻起，我們確實就注定要與人互動。科技可以支持或者是扼殺我們與他人建立可靠關係的能力，端賴如何使用科技而定。當它是以正確的方式使用時，科技可以協助年幼的孩子建立與維持重要的關係。身為父母親，當我們有意的使用科技時，就可以支持與協助我們孩子的人際關係。舉例來說，由於視訊聊天科技的進步，可以協助孩子與遠方的家人溝通，也拜數位相機之賜，我們可以創造一些重要事件或里程碑的珍貴記憶。

但在另一方面，如果與孩子一起或是在孩子身邊時，我們過度、毫無選擇性、或出於無意的使用科技產品的話，可能會干擾孩子所建立的人際關係。在這個虛擬世界裡，面對面的接觸可能被取代，而在某方面來說，新的科技也會讓我們喪失人性，因此，我們保護及珍惜與他人的關係就變得非常重要。

我們生來就需要與人連結

孩子需要與父母親（或同一個照顧者）形成安全依附關係的理由有許多，特別是針對腦部的最佳發展來說。研究上一直從不同領域（像是神經生物學、社會科學、以及行為科學）進行探討，讓我們進一步的了解：孩子早年與父母親或照顧者的關係，會決定他們整體的發展。好消息是：擁抱與寵愛你的孩子，實際上也建構了他們的腦部。

健康、可信賴的安全關係，實際上建造了孩子的腦部結構，也讓他們能夠學習與發展。當孩子與父母或照顧者之間形成了愛及可預測的關係，他們的腦部就能夠學習。當他們的基本需求被滿足了之後，他們的腦部就有認知能力，能聚焦在對他們學習很重要的其他方面。

然而，如果他們早年無法形成可預測及愛的關係，就可能會帶來不良的壓力，就會產生皮質醇（一種腎上腺素或壓力荷爾蒙）、抑制腦部的活動。如果他們的注意力與認知資源都投注在保障自身的安全或防衛的話，即使他們有足夠的智力，也不會有足夠的空間去做有效的學習。簡而言之，感覺不安全與不確定，就會危及孩子學習的能力。

餵食新生兒的同時使用螢幕的一些小撇步

在孩子出生後的前幾年，新生兒醒著的時候，會花相當多的時間只是盯著不同的臉在看，這叫做「臉部地圖製作」（facial mapping）。他可能會看起來很無辜、好像沒在做什麼事，但他們事實上正在進行一些非常重要的視覺與認知的工作，這對他們的發展是相當關鍵的。這也是為什麼我們需要花許多時間來抱著他們、跟他們玩的原因之一。

在二〇一二年發表的研究中提到：即使嬰兒的其他視覺系統仍在發展之中，他們的腦袋跟成人的腦袋對臉部的反應是相似的。嬰兒，甚至是剛出生的嬰兒，盯著臉部的時間比其他物品都要來得長。他們想要盯著我們的臉，而我們也知道：當孩子盯著人臉部的時候，他們腦部的特定區域會亮起來。因此，真正「面對面」的時間，對他們的發展而言相當重要。

這就是我們必須要非常小心地使用科技產品的原因，特別是當我們在嬰兒身邊、餵食他們的時候。有一個名詞叫「哺乳視聽」（brexting = breast-feeding plus texting，就是「哺乳」加上「發簡訊」），已經被用來形容在餵奶的時候，使用行動產品的現象。這是一個意見分歧的議題。有些人認為母親在餵奶時一向都是分心的（看書、看雜誌、或看電視），這好像企圖讓母親有罪惡感；而其他人卻說，我們使用螢幕的習慣更是罪惡，可能會傷害到小孩。我是擁護後者的說法的，我們需要仔細去思考「哺乳視聽」的習慣，主要是依據我們手邊的研究而來（以及我身為一個母親的直覺）。

在之前提過，假如孩子清醒的時間有限，而餵奶的時間正好是進行「臉部地圖製作」的最佳機會。如果我們在餵奶的時候，總是黏著我們自己的智慧手機、平板，或一直在看電視的話，孩子就不能得到與我們眼神直接接觸的機會（這是他們的大腦所需要的）。他們想要凝視我們的眼睛，而不是看著我們被螢幕照亮的臉龐；他們要的是我們直接的目視，而不是我們滑手機時的呆滯表情，我們可不想讓嬰兒認為手機是我們臉的一部分！

加州大學的研究者發現，零碎或混亂的母職照顧，可能會破壞腦部的發展，而且會導致孩子在青少年或成人時期的情緒失常。這個研究發現：這種不穩定的照顧，可能會增加孩子往後心理疾病發生的可能性，像是憂鬱症。需要提醒的是，這個研究並沒有特別檢視母親使用行動科技產品的行為，也沒有以人類為研究對象（是用齧齒動物為對象）。然而，這個研究的發現很重要，讓我們去思考或者重視這些聲明，也就是支離破碎的母職照顧，可能會損害孩子的情緒發展與整體的健康，我不認為我們需要等到以人類為對象的研究來證明這個結果。

那個研究發現：並不是母職照顧的多寡影響孩子後來的心理健康，重要的是要避免不可預測及破碎式的照顧。在數位世界裡，智慧手機一直在爭取我們的注意力，我們可以看到當我們在照顧嬰兒的時候，若是一直被我們的科技產品分心，就可能發生危險。嬰兒的多巴胺受體（dopamine receptor，編按：多巴胺為一種大腦分泌的神經傳導物質）的愉悅迴路尚未發展，他們需要可預測的一連串事件，這些迴路才能發展成熟。若沒有這樣的可預期性的話，嬰兒的快樂系統就不會成熟，而這可能會造成他們在青少年期很難感受到快樂，而／或從危險行為、藥物或酒精中去尋求快樂的感覺。

顯然的，我並不是建議說，當我們在嬰兒身邊的時候，絕對不應該使用智慧手機，或者是我們在哺乳的時候看電視就是很糟糕的父母，當然不是這回事，我也偶爾會在餵奶的時候使用手機或看電視（或者看書、讀雜誌）。沒有必要因為使用科技產品而感到羞愧，這根本幫不上忙！記得：我們的父母親在哺餵我們的時候，或許也在閱讀雜誌和書籍，我們成長得也不差啊！我們只是要確定：我們不是每次在餵孩子的時候都在瀏覽臉書，因為孩子跟我們在一起的時候，需要直接「面對面」的時間，他們需要這樣的時間來獲得健康的發展。

研究發現：與父母親或照顧者溫暖的關係，有助於建構孩子的腦部。二〇一二年的一個研究發現：孩子若有一個有反應、溫暖、關愛的母親（這個研究只檢視與母親的關係），會比沒有受到同等回應關注的同儕有更大的海馬迴（海馬迴是腦部負責記憶、學習與壓力反應的部分）。

這個研究顯示：一個母親照顧孩子的方式，實質上可以形塑孩子的腦部結構。該研究提供了有力的科學證據證明，孩子出生後前幾年與我們的關係，對他們整體、長期的發展是不可或缺的。我們的愛與情感確實建構了他們的腦部。

科技如何協助我們與孩子之間的依附及關係

我們跟孩子之間「有來有往」的互動方式，對於建構最佳的腦部結構是不可缺少的。用一般話來說，就像是打乒乓球那樣，牽涉到我們與孩子對話式的互動。這種與嬰兒或年幼孩子「有來有往」的互動，看似自然而簡單，實質上卻可以協助他們發展語言及情緒技巧。

好消息是：科技產品可以用來催化這些互動。科技產品可以協助「乒乓式互動」的常見方式有：

1. 視訊聊天科技
2. 互動科技
3. 角色關係
4. 使用照片作為刺激來建立回憶

視訊聊天科技

許多現代家庭都有一些家人住在海外或是其他州，而有些父母親是通勤族。Skype 跟其他的視訊聊天平台，像是 FaceTime，已經成為父母與家庭成員互相連絡的常用工具。這些令人驚豔的科技，可以讓我們建立及維持彼此之間的關係，光靠電話聯絡可能不那麼容易維持關係。

一個二〇一〇年發表在《嬰兒與兒童發展》（*Infant and Child Development*）期刊上的研究，肯定了視訊聊天平台能協助年幼孩子形成與建立有意義的關係，同時也可以發展他們的語言技巧。

為了讓視訊聊天科技的優勢發揮到極致，我們可以使用以下的這些方式：

1. **在一天當中選擇一個適當時間**：要留意並避開孩子疲倦或是飢餓的時段。視訊聊天的平台需要孩子安靜、專心地坐好，如果在一天結束、他們的注意力降低的時候就不太可行。此外也要確定他們已經吃飽了，或者是手上有一些點心，那麼他們就不會分心。
2. **盡可能使用平板電腦、智慧型手機、或者是筆電等行動裝置**：這樣就很容易在家中四處移動。
3. **準備一些小道具**：讓孩子手上有一些玩具、書或是他們自己所創作的美勞作品，可以在講電話時分享。如此可以讓對話內容有相關主題且有意義，也給年幼的孩子一些具體的東西可以討論。同時，要鼓勵通話的人也準備一些小道具。唸書給孫兒聽是建立真誠關係的一種很棒的方式。
4. **設計一些話題**：在開始打電話之前，腦力激盪一些孩子可以聊的話題，像是最近去過那些令人興奮的地方？有沒有學到一些新的東西？萬一孩子沒有想法，或是對話卡住時，這些都可以派上用場。

5. **使用一些手勢**：鼓勵對話的另一方使用很多的手勢，這可以在整個通話過程中，維持孩子的注意力，也可以避免他們認為對方只是一個會講話的頭而已！這樣能讓對話更自然。

6. **使用熟悉的歡迎儀式**：有沒有一種好玩的打招呼方式或是唱一首歌，可以在每一通電話開始時使用？這對嬰兒或學步兒來說特別重要。他們是經由重複或例行性的行為而成長，而且可以很快地學會將聲音或歌聲跟人連結在一起，這也可以協助他們認識事物，因為孩子基本上是仰賴碰觸與味道來決定熟悉度的，但是在視訊聊天的時候，他們需要仰賴的是視覺與聲音。

7. **鼓勵身體活動**：小孩子，特別是嬰兒與學步兒，如果要求他們坐在螢幕前一段時間，可能很容易就會覺得疲倦，因此對時間的期待要實際一點。試著一起跳跳舞中斷一下對話，如果孩子累了，就鼓勵他們起來動一動。

8. **一個結束的儀式**：知道如何結束通話是很重要的，就像我們實際對話的時候也一樣。這也是與家人建立關係的美好且往往特殊的方式。我記得我的祖母在要結束跟我的兒子的 Skype 對話時，她會說：「我愛你小男生，做媽媽的好寶貝喔！」接著她會給他一個大大的、虛擬的吻，每一次他們都會有這樣一個儀式，而我的兒子真的很喜歡這個特殊的小儀式，也會在我祖母忘記時，要求她做這個儀式。

個案研究

卡莉跟她的未婚夫班住在英國好多年了，而且跟他們的姪女（那個時候是兩、三歲）夏洛蒂有固定的 Skype 約會。當他們從國外旅行回來時，夏洛蒂帶著一臉疑惑在機場迎接他們。過了一陣子之後，她問：「你們是怎麼從電腦裡走出來的？」她以三歲小孩的能耐繼續解釋，她認為他們住在她家裡的桌上型電腦裡面，她不知道他們是真實的人物！

互動科技

有相當多種新科技可以讓孩子經歷真實的「乒乓球式」互動。這些「有來有往」的互動方式，對年幼的孩子來說是非常重要的，因為能夠讓孩子運用到他們的認知能

科技小撇步

孩子有時候會假設另外一個人是住在電腦裡面，因為他們還沒有發展「物體恆存」的觀念（object permanence，了解一個物體就算我們看不見也依然存在的能力）。

要解釋給孩子聽，在電話那一頭是一個真正的人，特別是他們未曾親身謀面的話。或許可以先給他們看對方在視訊螢幕之外的其他場合的照片。

力（而不是被動的接收）。「影像的缺陷」（video edficit）是指對年幼孩子而言，從平面影像裡面學習要比從活生生的面對面互動困難得多。然而，互動性較佳的科技產品（像是平板裝置和回應式的電腦遊戲），可能證明了它們可以吸引年幼的孩子參與，而且能夠協助他們從螢幕上所看的東西來推斷意義（這個區塊的研究還在剛起步階段）。

現在許多電子書應用程式具有錄製旁白搭配故事的功能，舉例來說，有一個應用程式叫做 Wrong Book，能讓使用者將聲音錄進電子書，因此每一頁都有對應的錄音，這種特色對父母親來說很棒，尤其是當他們需要到外地去工作，又不想錯過晚上唸書給小孩聽的時間。它也可以讓祖父母（或其他的家庭成員和朋友）在應用程式上錄下他們的聲音。

個案研究

Kindoma 是一個電子書應用程式，在它螢幕上方角落有兩個彈跳視窗。使用這個應用程式，讓住在雪梨的珍可以跟她住在加拿大的孫子路卡斯，即時同步一起看書，她可以在與路卡斯一起閱讀的同時，看到路卡斯的臉，而她的螢幕手勢（或許她會碰觸螢幕來輕敲故事人物的臉）也會複製在路卡斯的螢幕上。他們可以使用應用程式來翻頁、體驗閱讀。另外一個類似的應用程式叫做 Quality Time（是「Quality Time App 私人控股有限公司」所研發的）。

角色關係

孩子常常會跟螢幕上的角色建立關係。他們也許會一直談到有關朵拉（Dora）、艾蒙（Elmo）和皮梭（Peso）的故事，這種情況看起來似乎相當天真，然而事實上，在年幼孩子的眼裡可能是非常重要的，這些被稱為「擬社會人際關係」（para-social relationship），對孩子身體與認知的健康及發展有正向的影響力。

螢幕上的人物因為一直重播，所以孩子通常對他們很熟悉。這些人物出現在孩子面前，對年幼的孩子而言，簡直就像一位教育者一樣。我們知道年幼的孩子常常會重複朵拉或大鳥（Big Bird）在電視影集中告訴他們的話，而這種熟悉感，也讓年幼的孩子能跟這些人物一起學習教育性的內容。一個二〇一三年在《媒體心理學》（*Media Psychology*）期刊上所發表的研究，已經證實、也發現了：讓學步兒熟悉螢幕上的人物，會改善他們在數學上的表現。

使用照片作為刺激來建立回憶

我經常提醒父母親與教育者，他們的智慧手機或平板上最好的設計就是照相機。我們出門閒逛的時候，不只可以輕易地捕捉照片與／或影片，還可以在事後與孩子一起重新看一次照片與影片。這可以協助我們鞏固重要的記憶，也可以勾起孩子對快樂往事的回憶。

舉例來說，全家去動物園玩、家庭假期的特別時光、或是生日宴會，都可以用智慧手機捕捉，這些照片在稍後可以讓孩子重新提取與閱覽。這對年幼的孩子來說，是一個重新溫習、描述與反思那些經驗的極佳方式。比起只是單純討論記憶中的事件，孩子在看相片與／或影片的時候常會想起更多的細節。如果我們想要對一位沒有參與那個事件的朋友或家人解釋當時的情況，照片或影片也可以是一個極佳的刺激。

在步調快速、繁忙的世界裡，我們越來越少有時間暫停一下與反思，但是滑動手機上的相片與／或影片，就可以讓我們的孩子發展自己反思的技巧，同時也可以重新回味或鞏固重要的記憶。

然而，就如同我在下面篇幅會探討的，我們的確要非常注意：在我們全神貫注於手機所捕捉的時刻時，要確定它不會干擾我們體驗那一刻所帶給我們的意義。

科技如何阻礙孩子人際關係的發展

不當或過度使用科技產品，可能會妨礙孩子的人際關係，以及他們與他人連結的能力。下面是科技產品可能阻礙孩子建立關係的能力的一些途徑：

1. 科技忽視孩子
2. 害怕遺漏記憶（FOMM, fear of missing memories）
3. 自我管理技巧
4. 社會技能缺陷

在某些場合，不是孩子使用螢幕的時間讓我們擔心，而是我們自己使用螢幕的時間。

5. 霸凌
6. 曝露在暴力內容裡
7. 色情
8. 社交網路

科技忽視孩子

在某些場合，不是孩子使用螢幕的時間讓我們擔心，而是我們自己使用螢幕的時間。事實上，我們與科技產品連結得越多，我們與孩子之間的連結也越少。我們之中有些人深受科技產品所吸引，以至於我們在擔任親職工作時常常「人在心不在」。螢幕不只讓我們在擔任親職時分心，也可能會形塑我們是如何擔任父母親的角色。

有時候，我們太著迷於科技產品，導致孩子覺得自己被忽視或忽略。網路安全公司 AVG 進行了一個大規模的全球性研究（超過六千名參與者），發現有百分之三十二參與研究的澳洲孩子說，他們的父母親花在跟他們相處的時間，比花在科技產品上的時間是差不多或更少的。許多父母親也知道這是一個問題，因為有百分之五十四的家長承認他們太常檢視自己的科技產品了。

我們有太多的螢幕任由我們支配，其中有許多是我們可以放在口袋或手提袋裡隨身攜帶的。我們有觸手可及的筆電、平板跟智慧型手機。對許多人來說，我們幾乎不記得在數位產品入侵之前，我們的生活是什麼樣貌，而埋首在我們的電子郵件裡面，或者是檢視我們的社群網站，是多麼簡單的事啊！

但是，我們需要注意不要因過度沉浸在科技產品裡，而對孩子造成傷害。我也了解，偶爾我們在公園裡面，孩子正在一邊玩的時候，我們可能需要使用一下智慧型手機，或者是我們自己在跟孩子玩的時候，需要很快的打個工作上的電話，這是現代生活的現實。我們只需要注意：我們是知道自己在做這些動作的，而不是因此分心而脫離了親職的核心角色。

二〇一四年波士頓醫學中心（Boston Medical Center）所做的一個民族誌的研究，觀察了美食區的父母親們。這個研究發現，許多的父母親太過於沉迷於他們的科技產品上，以致於對孩子的行為產生不良影響；此外，埋首於自己的科技產品的父母親，也傾向於與孩子有更多負面的互動。這些研究者相信，這是因為孩子覺得他們在跟父母親手上的那些產品爭奪注意力。

> 一個孩子企圖要在母親使用平板電腦的時候，讓她抬起頭來，但是卻沒有成功。

這些資料顯示出一些現象：一個孩子企圖要在母親使用平板電腦的時候，讓她抬起頭來，但是卻沒有成功。另外一個媽媽正在使用智慧型手機，卻在孩子試著要獲得她的注意之後，在桌底下踢她的孩子。這個研究顯示：他們所觀察的成人與孩子之間，不是少有互動，就是互動很激烈，或者是負面的互動。

身為父母親，我們自己沉浸在數位產品裡面，會對我們與孩子的關係造成不良影響。**如果我們被這些產品所盤據，可能就會「人在心不在」，情緒上也不太能夠與孩子聯繫。**我們要能夠在一天不同的時段裡，讓自己關閉科技產品，而且與孩子做有意義的互動。

「科技無所不在」代表著我們彷彿被催眠了而去相信，我們需要與科技產品緊緊相繫。身為家長，我了解有時候在公園時，必須要去回一封電子郵件，或是回覆一位朋友的緊急簡訊。這並不是說要讓父母親覺得有「科技的罪惡感」（或者是「科技的羞愧感」），我們並未真正了解另外一個人的整個故事，因此我們不該只因為他們選擇了在孩子身邊使用科技產品，而去批判或者是責備這些父母親。

但是當我們在孩子身邊的時候，我們真的要注意如何與何時使用智慧手機與平板電腦。我們的科技產品會不會剝奪了我們的注意力？我們如果想要上網搜尋資訊、或者是回覆電子郵件時，可不可以選擇孩子不在身邊時，稍後再去處理？很關鍵的是：**我們要確保孩子的安全不會因我們執著於螢幕而受到危害。**

防止科技忽視的小撇步

當我們跟孩子在一起的時候，為了要全心貫注，考慮一下以下的建議：

1. **設定一些不使用科技的區域**——在哪一些特定的地點，我們可以不使用科技產品？建議將晚餐桌上、遊戲室、以及臥室，設定為不使用科技產品的地點，這樣就可以將智慧手機與其他科技產品影響親子互動的分心效果減到最低。

2. **建立不使用科技產品的特殊時段**——我們的孩子需要知道有一些我們不會使用科技產品的神聖時光。孩子樂於知道他們可以得到我們全心全意的注意。藉由實際的互動，孩子可以學習重要的社交線索以及行為，因此我們需要確保我們使用螢幕的時間不會干擾到這些機會。或許我們可以在孩子還沒醒來之前，早點起床使用一下科技產品；或者是訂一個政策：一旦走進家門，我們就不去檢查自己的電子郵件和社交網站。

3. **要了解什麼時候孩子試著要得到我們的注意力**——在孩子競相獲得我們注意的時候，我們滑臉書或 Instagram 或是回覆電子郵件，對他們來講並不公平，也可能會改變了我們跟孩子之間的關係，因為我們好像下意識地的告訴他們這個訊息：他們比不上我們的科技產品那般重要。

害怕遺漏記憶

《請等一下》（*One Moment Please*）一書的作者蘇珊・皮爾斯（Susan Pearse）與馬汀娜・盧漢（Martina Sheehan）創造出「害怕遺漏記憶」（FOMM, fear of missing memories）這個詞，用來形容我們是如何執著於使用數位產品捕捉每一個時刻：從家庭旅遊假期的一些快照、到孩子所做的一些可愛事情、或者是學校的音樂會。身為父母親，我們經常執著於用數位產品抓住那一刻，以致於無法真正地沉浸或享受手邊的這些經驗。

很諷刺的是，我們經常忙著正確的構圖，或者試著要重現「那一刻」（也就是我們要孩子再做一次剛才的鬼臉，或是要他們坐在堆好的沙堡旁邊、熱情洋溢的樣子，只因為我們之前所拍的照片是模糊的），而其實錯過了重要的時刻。正如蘇珊・皮爾斯及馬汀娜・虛漢所說的：

> 現場的表現通常會吸引一些掌聲，但是現在沒有聲音了，因為我們的手忙著操作科技產品，試著去捕捉那一刻。在學校的音樂會上，孩子不再看到他們父母親驕傲的臉，孩子所看到的是科技產品的背面。家長們所捕捉的是想要與人分享的「那一刻」，而不是與孩子一起分享事件發生的那一刻！

對許多父母來說，能夠用智慧手機捕捉孩子踏出的第一步，或者是孩子比賽勝利的那一刻，是非常珍貴的。捕捉這些珍貴的里程碑，可能是我們一生只能經歷一次的永久記錄（不是為了能夠跟驕傲的祖父母或其他家人與朋友分享）。

但是我們需要非常小心，我們教給孩子使用數位產品的習慣是什麼。我們需要用數位產品來證實我們的每一個經驗嗎？當孩子看我們急著拿智慧手機拍下這些事件時，他們會模仿我們使用數位產品的習慣。我們要自己的孩子專心一致、真實地體驗生命中的點點滴滴，不要他們只是為了留下數位紀錄而停頓下來，或者重新去創造那些時刻。我們要成為孩子最好的角色模範，這樣孩子才不會受到「害怕遺漏記憶」所苦。

身為父母親，要試著平衡使用數位產品記錄與捕捉重要時刻，同時也不忘去享受及體驗那一刻，真不是容易的事！我這裡沒有答案。我們需要試著努力達到平衡（不管那對我們的意義為何）。我們需要確保我們不會因執著於記錄那一刻，其實卻錯過了那些時分。我們需要把這些記憶存入手機，卻也需要放進個人腦海的硬碟裡。

個案研究

我有一件事必須坦承。那時我的第二個兒子正在學走路，兒子正踏出他人生的第一步時，我先生在工作。為了再次捕捉那一刻，好跟孩子的爹分享，我快速地抓了我的手機，準備好在他繼續走的時候拍下影片。

作為一個驕傲的母親，我一邊錄影一邊興奮地叫道：「看哪！……比利正跨出他的第一步！」此時我那四歲的大兒子從背景裡插進來：「不，媽，這些是他的第二步，他剛剛走過了啊，妳都沒有看到嗎？」糟糕！

自我管理技巧

當我們用盡花招、策略或是讓孩子分心的方法，都無法讓他們安靜下來或撫平他們的挫折感時，我們很容易就把 iPhone 交給孩子。許多現代家長承認，他們會使用 iPad 或 iPhone 來轉移情緒崩潰或是發脾氣的孩子。在二〇一五年由美國說話語言聽力協會（American Speech-Language-Hearing Association）所做的一項民調發現：八歲孩子的家長當中，有將近百分之五十的人說，他們常常仰賴科技來「防止孩子的行為問題與鬧脾氣」。我承認，我也這麼做過！

但是，我們需要仔細去思考：老是使用這樣的小玩意來當作科技奶嘴（撫慰品）的時候，長遠的含意是如何？**如果我們持續使用螢幕來轉移、降低孩子情緒爆發的情況，或是改善他們的無聊或挫折感的話，他們就不會發展自我管理的技巧。**為了讓孩子在社會上發揮有效功能，我們的孩子需要學習適當處理情緒的方式，我們不想教導孩子：當我們覺得不自在，或是在處理一個難受的情緒時，只會把手伸向科技產品。

學習如何自我管理，以及處理我們的情緒，是非常重要的生活技巧，而且孩子只能從經驗中學習這種技巧。**為了要學習如何做出符合社會規範的適當反應，孩子實質上需要直接去體驗情緒。**

個案研究

蘇菲是一個非常快樂滿足的八歲孩子，她喜歡在戶外跟她的手足們玩遊戲，也喜歡在室內跟她的娃娃們及樂高玩具玩耍。當蘇菲的哥哥收到一個 iPad 當生日禮物的時候，蘇菲的父母親決定在 iPad 裡安裝一些應用程式，讓蘇菲偶爾可以玩玩。

只要哥哥沒有在玩「我的世界」（Minecraft）時，都會很樂意跟妹妹分享 iPad。剛開始，蘇菲會在上學之前玩一下，就是她穿好衣服、準備上學之前；然而，她很快就開始問可不可以更常使用那個 iPad。她早上起床第一件事就要求玩 iPad，還有放學一走進家門的時候也要玩。

當父母親或哥哥告訴她說「不可以」的時候，她接著就會鬧起科技脾氣。就像一個典型的學步兒鬧脾氣那樣，蘇菲會跌坐在地板上，拜託讓她使用 iPad。蘇菲這種鬧脾氣的情況變得越來越嚴重，有一天她還威脅要去捶牆壁。她母親已經無計可施，於是只好投降，允許蘇菲使用 iPad。

科技小撇步

建立且執行使用螢幕產品的限制，然後堅守原則，一旦說了一次「好」，或者是投降的話，就很快會變成溜滑梯一樣不可收拾！

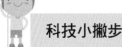

從那一刻開始，每一回蘇菲要求玩 iPad 的時候，她就會開始「科技鬧脾氣」，直到她的父母親投降、把 iPad 給她為止。她母親形容蘇菲這種可怕的鬧脾氣簡直「比她還是學步兒的時候還可怕」。

蘇菲很快就學會用螢幕來安撫自己。每回她覺得無聊、生氣或者有挫折感的時候，她就期待（也收到）iPad。蘇菲的行為越來越惡化，她的父母親最後只好帶她去看心理醫師。過了一段時間，蘇菲的家人才能夠協助她不仰賴數位產品而做好自我管理，但是這花了好幾個月的時間才達成。

社會技能缺陷

有人關心使用螢幕的時間會影響孩子面對面的互動。孩子需要真正面對面的與人互動時間，來發展他們重要的人際技巧，以及學習如何解讀身體語言與情緒。

一個二〇一五年發表在《發展與行為小兒科期刊》（*Journal of Developmental & Behavioral Pediatrics*）的研究發現：觀看大量電視節目的幼兒，到了青少年時期較有可能被同儕欺負。這個研究追蹤孩子從出生到六年級，結果顯示那些在兩歲五個月大時看越多電視的孩子，在後來的成長過程中報告被霸凌的經驗越多。

當然，這個研究並不是證明看電視會導致孩子被霸凌，而是暗示著：孩子如果看了太多的電視，可能會更容易成為霸凌的受害者。這個研究的作者們提到：孩子的溝通與社交技巧，可能會因為螢幕使用習慣而受到阻礙。

另外一個研究是二〇一四年發表在《電腦在人類行為》（*Computers in Human Behavior*）期刊，其結果顯示：只是離開螢幕五天，就可以改善十二歲以下孩子對「非語言」情緒線索的辨識能力。這個研究的作者認為：增加更多真實社交互動的機會，並且增加遠離螢幕活動的時間，是增進十二歲以下孩子對社交線索的辨識能力的原因。

不僅如此，這個研究也顯示：社會互動的時間較少，可能會造成社會技能的缺陷。在孩子出生後的前幾年，是建立基本社會技能非常重要的一段時期，我們必須要非常小心，不要讓孩子的螢幕習慣阻礙了他們社會技能的發展。

> ……他們要有自信讓學校校長或是奶奶看到他們放在網路上的東西。

網路霸凌

有越來越多的年幼孩子容易受到網路霸凌。網路霸凌的定義是：孩子在網路上發出或者接受一些有害的、或有凌虐性質的一些影像、影片或者是簡訊，其中也可能包括在網路上仿效某人，或者是在網路社群上排擠某人。一個二〇一四年由新南威爾斯大學（University of New

South Wales）的社會政策研究中心（Social Policy Research Centre）所進行的研究發現：八到十七歲的年輕孩子中，大概有百分之二十報告說曾被網路霸凌過。

與一般「非網路霸凌」不同的是：網路霸凌會跟著孩子到任何地方。它無所不在、毫不留情，因此對年幼的孩子來說更是嚴重！一再地曝露在網路霸凌中，可能會產生很嚴重的後果，包括憂鬱症跟自殘。同樣地，受到網路霸凌的年幼孩子，通常缺乏情緒的技巧來適當因應這些情況。有些孩子覺得他們的父母親缺乏網路知識，並無法處理這些情況，因此經常不告訴家長。

年幼的孩子也可能缺乏社會技巧，不知道什麼是適當的上網行為。而網路的「匿名性」與「立即可用」的特色，使得年幼的孩子不會想到自己的網路行為長期下來會引發什麼樣的後果。由於不用「面對面」，孩子經常不會覺得是真正的霸凌。許多年幼的孩子缺乏後見之明以及同理心，他們完全不了解涉及網路霸凌的可能後果。

為了防止孩子不受網路霸凌之害，我們需要鼓勵他們在上網發文之前先暫停一下，提醒他們：是否有自信讓學校校長或是奶奶看到他們放在網路上的東西。這對孩子來說，是一個很好的篩選機制，也就是在按下送出鍵或是發文之前，先好好想一想，特別是當孩子缺乏後見之明與風險評估能力來預測他們行為的後果時。

就像是我們不會把孩子直接扔進游泳池裡、期待他們知道怎麼游泳一樣，我們當然也不應該將孩子扔進數位科技的河流裡、期待他們知道如何讓自己不被淹沒，更不用說有自信地游泳了。**要孩子以安全、適當的方式使用科技，他們需要我們的引導，這也是身為父母親跟教育者的我們應該做的事。**我們需要了解如何讓孩子可以安全上網，以及如何教導他們適當的上網行為。

如果我們的孩子容易受到網路霸凌的話，我們必須要堅持他們採取以下行動：

1. **不要去回應霸凌者。**
2. **封鎖霸凌者**（而且保留證據）。
3. **報告這個事件給網路的管理者或是學校。**
4. **支持我們的孩子度過這段時間。**

如果你的孩子報告說被霸凌了，不要反應過度。事實上，要稱讚他們願意求助、報告這樣的事件。責怪孩子根本無濟於事，他們這個時候需要我們的照顧。要找出實際可行的方式來協助他們因應眼前的情況，然後尋求可以執行的預防策略，以減少類似事件再次發生。

記得：禁止使用科技產品，並不是防止孩子被霸凌的長久之計。相反的，**持續、透明的對話，可以讓我們的孩子感到自在，願意及時報告任何他們所關切的事物或議題，也避免讓事件惡化。**

曝露在暴力內容裡

令人難過的是，我們年幼的孩子有越來越多機會接觸不適當的媒體內容。有一個由艾瑪

（Emm）所做的研究發現：年幼的孩子在 YouTube 觀看一些熱門電視影集，像是《芝麻街》（*Sesame Street*）、《粉紅豬小妹》（*Peppa Pig*）時，只差三個按鍵，就可以接觸到裸露或暴力等露骨內容。這就是為什麼共同觀賞（跟孩子一起使用科技產品）是這麼重要的事（這會在第四章裡面探討）。

媒體暴力與孩子的攻擊行為及其他反社會行為之間，有很清楚的因果關係：那些接觸越多暴力媒體的孩子，會傾向於更具攻擊性，也會展現出反社會的行為。

此外，在二〇〇三年由安德森（Anderson）所做的一個整合分析，提供了很清楚的證據：暴力電動遊戲可能特別有問題，尤其是男孩子（比女孩子玩更多遊戲）更容易受到負面的影響。

有暴力內容的電動遊戲之所以可能對孩子有害，原因在於：

1. **他們的鏡像神經元使他們容易模仿這些人物的行為**：這是指他們可能會在遊戲中或者是閒暇活動的時候，變得更具攻擊性。
2. **它們會引發主動的反應**：孩子不是被動的觀賞暴力的內容而已，他們會主動的參與。
3. **它們具有重複的特性**：這就像是暴力活動的預演一樣。
4. **暴力常常獲得獎賞**：要升級或進步常常需要暴力行動。

很重要的是，要注意電動遊戲本身並不是壞（或好）的。就如同所有的科技一樣，它們只是一個工具。使用它們的方式，決定是否支持或阻礙了孩子的發展。有許多的例子可以證明，電動遊戲可促進孩子的「利社會」行為、甚至是學業上的學習！

管理令人痛苦或暴力新聞的小撇步

新聞報導所披露的自然災害或無感暴力的內容，常常讓成人覺得很不舒服，更不用說是孩子了。在一個新聞播報二十四小時全年無休的世界，有時候很難保護孩子免於受到這些令人煩惱的全球事件（像是槍擊案、失蹤人口、自然災害與暴力）充斥螢幕的影響。不像我們成年人，年幼的孩子沒有後見之明或是理性思考的技巧，來篩檢這些不斷湧進的資訊。他們需要有人協助，來了解他們目睹的事件，以及釐清這些事件的脈絡。

儘管年紀很小的孩子尚未有能力處理這些在新聞與時事節目中所呈現的語言，他們仍然在吸收一些寫實又令人煩惱的影像。因此，駭人的媒體報導可能會對孩子的情緒發展產生持續的不良影響。

孩子也許還不具有語言技巧來表達他們的關切或擔憂，但是他們仍然會內化與處理這些影像。因此，他們可能會覺得擔心、焦慮、煩躁或者生氣，卻不能夠表達這些情緒。

如果孩子已經看了、或聽過這些令人煩擾的事件，要讓孩子安心、告訴他們很安全。幫助他們合理化以及處理這些經驗，解釋這只是一次事件或者是極少發生的事件（通常當自然災害或者是全球暴力事件發生的時候，由於新聞資料有限，因此同樣的影像會一再播放。年幼的孩子可能因此而誤認為這個事件是一再發生的，因此讓孩子放心、解釋給孩子聽是很重要的）。要小心你自己也不要過度反應，孩子通常會感受到父母親惱怒或者是焦慮的情緒。

其他的考量包括以下的三件事：

1. **減少接觸新聞**：當一些令人煩擾的全球大事發生時，就把電視關掉，在孩子尚未具備情緒技巧來因應這些情況時，沒有必要急著讓孩子看到這些令人煩惱的新聞。（許多七歲以下的孩子，還在努力分辨什麼是真的、什麼不是。而這些駭人的影像可能會混淆他們的分辨能力。）如果我們想要跟上時事，可以使用一些比較被動的媒體形式（像報紙或社群媒體），並且遠離孩子。
2. **不要不理會他們的恐懼**：如果孩子從同儕或是手足那裡聽到這些新聞時，提供他們有關全球大事的一些事實，同時要再度地保證他們是很安全的。
3. **知道你的孩子可以因應到什麼程度**：身為父母親，我們最了解自己的孩子。有些孩子在得知令人煩擾的全球大事時，有能力因應，然而其他的孩子可能就沒有情緒能力來處理它們。

色情

孩子接觸越來越多的色情資訊。根據雪梨大學（Sydney University）兩位同姓熙撒稜

（Sitharthan）的心理學家的研究發現：孩子在十一到十三歲之間會開始看一些色情內容。二〇一二年聖詹姆斯倫理中心（St. James Ethics Centre）所出版的報告中更進一步指出一個令人憂心的趨勢：年幼的孩子會刻意去接觸一些色情的資訊，有時候年僅十一歲就已經接觸了。

根據鮑勃考斯基（Bobkowski）、布朗（Brown）與那非（Neffa）在二〇一二年所做的一些研究發現，有越來越多年輕人製作兒童色情片。十五歲以下的年幼孩子利用一些流行網站及社群媒體，製作內容露骨的色情片。有些青少年甚至自己參與色情片，像是拍一些自己的裸照或半裸照，或拍攝自己正在從事淫穢或性行為，並以電子媒體方式放到社群網站、即時通網站（像 Instagram 與 Kik）上與人分享。

老師和父母們務必要抱持開明的態度，與年幼的孩子討論有關觀賞以及製作色情內容的事。年幼的孩子常常並不知道從事性方面的活動是不適當的，尤其是他們已經在觀賞那些色情影片了。如果等孩子到了青少年才開始這些對話，就太遲了！也許，這會讓我們覺得不自在，但是跟青少年孩子展開對話是很重要的。

個案研究

九歲的女孩卡拉報告說，她的私處有一種「癢癢的感覺」。她的母親就帶她去看家庭醫師，發現卡拉得了性病，她的母親非常驚恐地得知卡拉已經做過她所形容的「與朋友一起玩性遊戲」。

卡拉的母親非常注意卡拉在家所看的電視節目，也使用網路的篩選機制，避免卡拉跟妹妹在家裡的電腦或者是平板電腦上，接觸到一些不適當的題材。在卡拉九歲的時候，他們給了她一支智慧型手機，雖然她的母親不讓她使用手機的上網軟體，但允許卡拉設定一個 Snap Chat 的帳戶。（就像所有卡拉朋友的父母親一樣，認為允許孩子使用應用程式是無妨的。）

如果等孩子到了青少年
才開始這些對話，
就太遲了！

不幸的，就是藉由 Snap Chat，卡拉跟她的朋友已經能夠看到（而且有時候可以立即下載）色情的資訊，造成他們親身去實驗，而且導致性病的產生。

這是一個令人困擾的趨勢。年幼的孩子（有時候比卡拉還小）正在從事有關性的行為，甚至會發生互相性虐待的案例。提供治療服務的機構報告說：有越來越多的年輕孩子正從事性方面的行為，讓人憂心的是，太容易接觸到情色內容恐怕要負一部分責任。

孩子曝露在高度性相關的內容裡，有些電視跟電影的人物、應用程式和電動遊戲的主角，常常會用非常性慾化的方式來描繪，這會影響到孩子所產生的身體形象，也會造成孩子的性早熟。

之前有人認為，孩子進入青春期才開始形成理想的身體形象。但是澳大利亞家庭研究機構（Australian Institute of Family Studies）所做的研究建議：理想身體形象可能在更早之前就開始形成了。這個結論受到《英國精神科期刊》（*The British Journal of Psychiatry*）所發表的一個研究支持，這個研究提到：年僅八歲的孩子就在表達對自己身體的不滿意，這可能會造成社交問題、憂鬱症狀、缺乏自尊與飲食問題，而這些問題可能導致孩子到了青春期陷於飲食失調的危險。

減少接觸不當內容的小撇步

上述有些事實相當驚悚，再次強調，小心謹慎是值得的，但不要驚慌。下列是你可以用來減少接觸色情與傷害的方法：

1. 在網路上安裝過濾軟體：我們可以篩選掉一些我們不想要孩子接觸的網站，或是擋掉一些特定區域。
2. 在電腦、智慧手機或平板上設定「家長控制」以及「家長過濾」功能：使用這些設定，我們就可以產生使用者帳號，對每一個使用者設立不同的保護機制。

3. **開啟 Google 的「安全搜尋」（SafeSearch）**：這會篩選掉從 Google search 所出現的露骨色情影片及影像，或者擋掉可能連結到露骨色情內容的搜尋結果。
4. **在使用 YouTube 的時候，打開「安全模式」（Safety Mode）**：這個功能會阻擋掉不適當的內容，像是色情或令人不快的語言。（需要注意的是：這個功能並無法百分之百正確，因為它是仰賴其他使用者反應這些內容不適當。）
5. **使用兒童專用瀏覽器**：這些瀏覽器是專門設計給孩子使用，上面有遊戲、事先獲得同意的網站、電子郵件與其他適齡的活動。受歡迎的包括：Zoodles、KIDOZ 與 KidZui。他們一般按月收費。
6. **在 YouTube 上設定播放清單**：使用像是 KidsVideo: Kids YouTube Playlist 的應用程式，來設定適當影片的播放清單，這可以減少孩子接觸不當內容的機會。
7. **進行開放式的對話**：經常且開放地與孩子談論他上網都做些什麼。（我們會比較希望孩子從我們身上學會有關性的事情，而不是從同儕或者是網路資源裡學習。）

注意：這些策略雖然有助於減少孩子接觸不適當內容的機會，但是沒有任何的篩選機制或設定是百分百有效的，因此家長主動的監控仍然非常重要。這也是為什麼要清楚規定科技產品可以在家裡面的哪些地方使用，是這麼的重要！這些產品只應該在家裡最多人聚集的地方使用，像是廚房、客廳，或者是餐廳（不能在臥室使用）。

社交網路

據估計，十歲的孩童有超過半數已經使用了線上的社交網站。孩子正與他人建立更多的網路關係，也可以在各網站的線上討論區，或一些應用程式及「我的世界」（Minecraft）和「企鵝俱樂部」（Club Penguin）等電腦遊戲中聊天、互動。父母親得知這些是為孩子而設計的社交媒體時，往往十分訝異。

這些線上討論區對孩子來說，可以是彼此互動與聯繫的絕佳途徑，但很關鍵的是：父母親要監控孩子使用這些平台。許多的例子發現，這些聊天室並沒有管理機制或者受到適當監控，孩子可能就很容易受到網路霸凌，或者發生網路安全的問題。

個案研究

詹姆斯是一個很有責任心的十歲男孩。他最近很迷「我的世界」（Minecraft），他會花好多時間利用多人遊戲模式，和網友一起打造各種素材、建造他的網路世界。利用聊天的功能，詹姆斯會固定跟他的朋友以及其他在伺服器上的玩家互動。

詹姆斯與其中一個國際朋友發生爭吵。這個朋友心生怨懟，於是取得了詹姆斯的密碼，接著知道他父母親信用卡的細節與身分，然後把有關詹姆斯家裡的一些敏感資訊（包括他們的住址、電話號碼）放在網站上。他的父母親幾乎要發狂，必須打電話叫警察來處理。

作為父母親與教育者，我們需要教導孩子什麼是可以在社交網站上分享、安全且適當的資訊，以及如何在網路上與人做適當互動。我們許多人會誤認為孩子是數位原生者（digital native），自然知道網路上的行為舉止，但是孩子仍然需要被明確地教導網路禮儀、網路互動、網路安全的技巧，他們可不是經由自己慢慢領悟而學習的。

我們需要非常小心：不要將一些社交網站太早介紹給孩子們（開始使用就是違法的，大部分情況是規定十三歲以上才可以使用）。如果社交網站沒有謹慎地管理的話，即便我們的孩子已經超

科技小撇步

監控年幼孩子的上網活動，跟他們討論什麼樣的資訊是適合（與不適合）上網觀賞或洩露的。

過了使用年齡的限制，仍然會有危險。他們處於一個渴望外界讚許與認可的年齡，可能會產生自戀的傾向，而且會造成不必要的社交焦慮。

我們也需要留意自己，不要對孩子誇大社交網站的重要性。孩子會吸收我們使用數位產品的習慣，如果我們經常將孩子的一些影像放在社交網站上，告訴他們獲得了多少讚、分享或留言，我們可能會傳達一個非常強大的訊息給孩子，讓他們知道自己的感知價值（perceived value，編按：行銷學用語，消費者對一樣商品感知到的價值，而非其真正的價值。例如刻意提高定價、數量稀少等，都可能讓消費者產生此商品比較有價值的感知。也可能由多少人喜歡、需要來決定一樣物品的價值）。

科技不能取代實質的連結，孩子與他人建立及維持關係的能力，對他們的發展是非常關鍵的。沒有一個應用程式和社交網站，可以像親身經歷的人際關係那樣提供豐富、有意義的連結。孩子需要在真實的生活中產生連結（很諷刺的是，我們的青少年會使用 IRL 這個用語，也就是 In Real Life「在真實生活中」來形容這樣的現象）。

如果我們小心翼翼地使用科技產品，就可以支持及建立我們與孩子的關係，以及他們和生活中其他重要人物的關係。然而，我們如果伴著孩子過度或不當使用科技產品，或者在孩子身邊這麼做，可能會減損彼此關係的品質，造成我們與所愛的人無法連結。

本章精華回顧

如何在數位時代建立與孩子的關係：

- **與孩子一起使用科技產品**：盡可能與年幼孩子一起使用科技產品，像是看電視、玩電動遊戲、或者是使用平板電腦。這不僅有助於他們語言能力的發展，而且也可增進他們的學習能力，同時還展現出我們對他們如何使用科技產品有興趣（若干年後，當我們想要與孩子擁有開放關係、誠實的討論關於科技產品的使用時，這時的投資就會看到效果）。
- **尋找互動式的科技產品**：使用 Skype 與互動式的電子書應用程式，是運用科技產品與旅遊中或住在海外的家人建立人際關係的極佳方式。請利用這些工具來建立或者維持彼此的關係。
- **要小心我們自己使用科技產品的習慣**：孩子會很自然地模仿我們的行為，因此我們在孩子身邊時，需要很仔細的思考要如何使用科技產品。我們也需要設立一些不使用科技產品的時間跟地點，以及避免太強調社交網站的重要性。
- **設置父母管控及篩選的機制**：決定哪些內容是年幼孩子可以看或吸收的。主動積極地監督孩子上網做些什麼（即便你已經設置了一些控制跟篩選的裝置）。

下一章將會檢視第二個發展的基石——語言，以及科技可以用怎樣的方式來協助或是阻礙基石的建立。

第4章

基石二：語言

如果使用得當，且不侵犯孩子真實生活中面對面互動的機會，科技可以支持孩子的語言發展。

語言讓孩子可以說出人名、物品名稱、感受跟地點，同時也給他們更多的資訊，帶入新的學習情境裡，也就是經由語言，孩子可以了解這個世界。語言的獲得早在出生前就已經開始了，在孩子發出第一個字之前很早就已經開始。出生後的前幾年是語言發展的敏感時期，此時語言的神經路徑正在開發，有助於孩子稍後的學習。

在出生後的前三年，孩子在語言上有戲劇性的發展，他們在字彙量跟句子的使用上大爆發（嬰兒一歲大時已經擁有多達五十個字彙，到了六歲，他的字彙量擴充到五千字左右）。

如同研究已經不斷地確定，嬰兒與年幼孩子聆聽及使用語言，是相當迫切而必要的。一個由哈特（Hart）與瑞斯理（Risley）所做的研究發現：三歲小孩使用的文字，有百分之八十六到九十八是從他們的父母親所使用的字彙而來，因此父母親讓年幼的孩子沉浸在語言豐富的家庭**環境裡，同時不要讓科技扼殺這樣的過程，是非常重要的。**

與孩子的互動非常關鍵

一直從事「語言獲得研究」的研究者派翠西亞・庫爾（Patricia Kuhl）的許多研究裡已經發現：嬰兒跟學步兒可以從與父母親及照顧者「有來有往」的互動中獲益。這些「有來有往」的互動，可以讓嬰兒發展關鍵的語言技巧，像是表達性語言（expressive language）與接收性語言（receptive language）。

嬰兒天生會想要跟他人互動，可能是透過咿呀兒語、手勢、發聲與臉部表情來與人互動，而這些簡單的動作，建立也滋養了他與父母親或照顧者的關係（就如同在前一章所說的一樣），很重要的是，它們也會塑造與強化腦部的結構。

新的大腦顯影科技已經提供了相當清楚的證據，讓我們看到當成人跟嬰兒互動的時候，在神經學上發生了哪些情況。一項二〇一五年的研究發現：父母親所發出的嬰兒導向式語言（infant-directed speech，編按：嬰兒導向式語言是成人對孩子說話時，會使用類似娃娃音的兒童腔調）加上直接的注視，可以增進嬰兒腦部的活動。

聲音發展的一個關鍵時期是在八到十個月之間，這時嬰兒開始會認出與分辨自己母語裡的一些特別聲音。在這個時期，嬰兒在環境裡面所沒有聽到的聲音的神經路徑，就會被修剪或者是完全消失，因此嬰兒及年幼孩子有機會與我們來回溝通，是相當重要的。這種「有來有往」的互動對他們的發展非常必要。

很重要的是：身為父母親，當我們與嬰兒互動的時候，不要一直把自己黏在科技產品上，因此而分心。嬰兒不只是想要聽我們使用語言、與我們互動，他們也仰賴視覺的線索來跟我們交流、想要看我們的嘴部動作。如果我們太沉浸於自己的螢幕產品裡，或者沒有全心貫注在這些互動中，可能會干擾嬰兒的語言發展。嬰兒跟學步兒需要我們直接的注視，而不是我們被螢幕反射所照亮的臉部。

可有一個與嬰兒一起使用智慧手機的「好」年齡？

把科技產品介紹給孩子，沒有所謂安全和理想的年齡，而我們也絕不要急著這麼做。我建議父母親寧可謹慎過頭。在嬰兒出生後的前幾個月到幾年的時間，年幼的孩子常常只需要一些簡單的事情來茁壯成長：像是讓孩子大量的接觸語言（包括大量與成人「有來有往」的互動），加上很多可以移動身體、探索世界的機會，也看看他們的身體能做些什麼（在第七章會說得更詳細）。使用螢幕的時間可能會干擾這些技能，年幼的嬰兒跟孩子需要的是成人的大腿（lap），而不是應用程式（app）！

嬰兒與學步兒從電視與觸控式螢幕上所學習的，比從現場展示中所學習的要少，因為對他們來說，要了解螢幕上所描述的資訊與真實世界的關聯是很困難的，這就是所謂「轉換的缺陷」。安德森（Anderson）與潘佩克（Pempek）在二〇〇五年的研究已經顯示了：嬰幼兒在使用觸控式螢幕的時候，只學到五成的內容，記得起來的時間也更短。

現在，在我們煩惱或擔心已經讓孩子在兩歲前就曝露在電視或其他螢幕之前，請放心，一點點的科技沒什麼大礙，少量或一天大概十五到三十分鐘使用螢幕是還好的。我只會鼓勵父母親要限制兩歲以下的孩子使用螢幕的時間，而使用時也要有很好的動機。

如果我們想要跟孩子共同使用科技產品，就應該盡量跟孩子「一起」使用。把它當作一種鞏固彼此關係、讓孩子沉浸在豐富語言環境的方式。舉例來說，一起觀看智慧手機裡的影片和照片，討論看到了什麼。可以跟孩子一起探索網路上的新單字、想法、聲音與影像，試著將他們在DVD和電視上所看到的連結到他們的真實生活跟經驗（來彌補影片的不足）。

我們需要讓螢幕使用時間，變成一種我們與孩子的社交與互動經驗，而且確信使用螢幕的時間絕不能取代與我們（或照顧人）相處的時間。

語言差距

羅本（Roben）、柯爾（Cole）與阿姆斯壯（Armstrong）做了一個長期的研究，顯示語言差距大概會在孩子十八個月大左右開始出現，而差距會隨著孩子年齡成長而繼續擴展或更嚴重。另外，哈特及瑞斯理的研究也發現：在豐富的語言環境中長大的四歲孩子（豐富語言環境是指四歲時平均接觸到大約四千五百萬字）比在貧乏的語言環境（四歲時平均接觸到大約一千五百萬字）裡的孩子，要多接觸三千萬個字。

因此，我們在孩子年幼時，要盡可能花時間跟孩子相處，協助孩子建立語言技巧，這是最重要的。也就是說，身為父母親，我們需要注意：不要因為被科技產品分心，而錯失與孩子互動的重要機會。這也是我們需要注意年幼孩子使用螢幕的習慣、不讓它影響到孩子語言能力的另外一個原因。

在數位時代，增進孩子語言技巧的簡單想法

- **使用父母親式的語言：**《大腦當家》（*Brain Rules*，正體中文版由遠流出版）的作者約翰・麥迪納（John Medina）宣稱：我們跟嬰兒講話時所使用的高音、誇張、長母音及短促子音的聲音，正是他們的腦袋學習語言所需要的。
- **唱歌：**歌曲是建立孩子語言能力的理想方式（而且有趣多了）。
- **吟誦兒歌或童詩：**孩子喜歡聽到一些旋律，也對旋律有正向的反應。這些旋律會以活潑有趣的方式幫助孩子發展語言技巧。

如果你不記得歌曲或兒歌的歌詞，可以上網查一查YouTube或者是「寶貝卡拉OK」（Baby Karaoke）的網頁及應用程式（http://raisngchildren.net.au/baby_karaoke/baby_karaoke_landing.html）。

科技如何改變孩子的語言能力

當孩子使用螢幕的時候，就必須付出機會成本——也就是他們因使用螢幕而沒有在做的其他事。對嬰兒跟學步兒來說，他們每天的清醒時間有限，因此使用螢幕所產生的替代效應可能不容小覷。如果我們將年幼孩子的螢幕使用時間，以清醒時間的百分比來計算的話，可以看到它有時候會取代了孩子其他重要的發展機會。舉例來說，一個幼兒可能一天醒著的時間是十個小時，如果他一天看了一、兩個小時的電視，那就佔了他清醒時間的百分之十到二十，顯然限制了他可用來體驗豐富語言的經驗。

一個英國政府的研究發現：老師與健康專家報告說，有越來越多的孩子進入幼稚園時，他們的語言能力是發展不足的。這個研究發現：在二〇〇五年到二〇一五年之間，因為語言及說話的困難，而需要專家協助的學童，增加了百分之七十一，有趣的是，澳洲及其他已開發國家的小兒科健康專家也有類似的報告。

個案研究

米雪兒是一個語言病理專家，她注意到年幼孩子語言的能力降低，而且自己也治療越來越多有溝通問題的孩子，包括語言發展遲緩、以及較差的語言接收技巧（聽與處理語言）。她跟她的同事推測：孩子使用螢幕的時間，已經侵犯到他們與父母親直接溝通的機會。她解釋說：「年幼孩子花較少的時間與成人、手足及同儕直接面對面互動，而花更多的時間跟螢幕相處；他們沒有花時間坐下來吃飯、實際的談話，而孩子也不像他們以往跟父母親那樣一起唱歌或唱兒歌了。」

米雪兒擔心孩子的語言發展，可能會因為他們的螢幕習慣而受到損害。她繼續說：「出生後最初的三年，是腦部發展最關鍵的時期，孩子主要是從口語的溝通來學習，而這是科技所不能取代的。年幼的孩子需要與人類互動，螢幕不能夠提供這樣的互動方式。別誤解我的意思，我不是強烈反對科技的人，事實上，有時候我甚至會建議孩子使用應用程式作為他們治療的一部分，但是真正重要的是父母親也要跟孩子互動，而不是全部仰賴應用程式來做治療。」

螢幕使用時間的增加，不是我們孩子語言能力衰退的唯一原因。雖然螢幕極有可能是問題的一部分，我們也必須要考慮到其他可能造成孩子語言技能衰退的因素。舉例來說，家庭生活型態步調的改變（互動以及語言溝通的時間減少）和及早介入的服務（意思是指孩子一旦有語言方面的遲緩或問題時，現在會更早發現，通常是在入學之前就已經發現了）的增加，這也可能是原因之一。

科技如何協助孩子語言的發展

科技如果使用恰當的話，可以支援孩子的語言發展，而它也不會剝奪孩子「面對面」互動的機會。它可以用下列的方式來支持孩子語言的發展：

1. 與孩子一起觀賞
2. 電視
3. 電子書應用程式
4. 有聲書
5. 互動式應用程式

一起觀賞

一起觀賞，就是跟孩子一起使用科技產品，對他們的學習及語言發展特別有幫助。從一九九九年到二〇〇八年，三個在《廣播與電子媒體期刊》（*Journal of Broadcasting and Electronic Media*）所發表的研究，提供了強而有力的證據來支持與孩子一起觀賞（與孩子一起使用科技）的效果。

一起觀賞的目的是一體兩面的：

1. **減少媒體對孩子可能的負面影響，同時減少孩子接觸不當內容的機會。**這也代表了，如果孩子看到不適當或暴力的內容，心中產生關切或疑問時，父母親可以立刻回應。
2. **增加孩子的學習及從使用科技中獲得益處。**過去四十多年對電視節目《芝麻街》的研究已經顯示：當孩子與我們一起觀賞的時候，其所獲得的學習益處是更多的。

在許多現代家庭裡，數位的景觀已經改變了。一起觀賞不再只是跟孩子一起看電視而已，有許多數位的科技產品可以在家裡觀賞與使用，也使得共同觀賞的情況更難執行。為了回應這些改變，出現了一個新的名詞叫做「聯合媒體介入」（joint media engagement, JME），它可以在任何地點、任何時間發生，同時讓許多人可以藉由數位（甚至是傳統的）媒體一起互動。

「聯合媒體介入」的好處是可以延伸到觀賞電視以外。二〇〇九年在《國際學習與媒體期刊》（*International Journal of Learning and Media*）發表的一篇研究發現：大部分孩子的媒體活動是從成人、甚至是手足或同儕的互動那裡獲益的。當孩子與其他人一起使用時，電動遊戲、電子書以及觸控螢幕的遊戲要來得豐富而有趣得多！透過語言的互動，孩子可以更深入地了解螢幕、使用語言、解決與討論問題，父母親可以提供立即的解釋、馬上回答問題、分享他們的觀點，以及鼓勵孩子參與。

孩子的學習受到「聯合媒體介入」的支持，因為父母親可以提供資源給孩子，協助孩子們了解這些經驗的意義。雷翰（Leibham）、亞歷山大（Alexander）、強森（Johnson）、內柔（Neitzel）與瑞斯漢瑞（Reiz-Henrie）這些研究者發現：**如果孩子與父母親共同觀賞的話，孩子會更願意參與一個話題或想法的持續探討，如此可以建立他們的深度知識**；它也可以防止「數位僵屍效應」（digital zombie effect）的發生，也就是當小孩子過於沉浸在遊戲或應用程式裡，而沒有注意周遭世界所發生的事（這種呆滯的情況可能發生在你拿巧克力給他們當點心，他們卻完全沒有察覺）。

個案研究

我四歲的兒子喜歡看《海洋小英雄》（The Octonauts）。在看過特別的一集之後，他解釋給我聽，其中一個海洋生物如何使用聲納定位的方式來搜尋食物，他使用了相當複雜的語言，解釋說有些海洋生物有這種特別的適應方式，用來彌補他們的視力不足。（是的，我只是很驚訝聽到他的解釋！）

然後，我們進行了一段深度的對話，是有關聲納定位是怎麼一回事，而動物如何使用它們

（感謝有Google！），我們發現其他動物也有這樣的能力。如果不是他看了那一集影片的話，這樣的對話是不可能有機會發生的。

現在家庭生活忙亂的步調，也意味著我們未必一直有機會與孩子一起使用科技產品。顯然地，我們想要試著盡量與孩子一起使用科技產品，但是身為母親，我完全了解有時候我們仰賴螢幕來娛樂孩子，或讓孩子有事做，目的是為了去打個電話、完成一些工作或者準備一餐飯，這是可以允許的，沒有必要因為這樣的情況而覺得有罪惡感。

共同觀賞的小撇步

可以的話，盡量跟孩子一起使用科技產品，這是非常重要的，特別是非常小的孩子（兩歲以下），他們很難將平面螢幕與實際生活中的立體物品產生連結，需要我們的協助（研究者稱之為「影像的缺陷」）。

舉例來說，孩子也許會在電視上看到一匹馬，但是可能無法立刻認出書中或是真實生活中的馬。只要與他們說話，就可以協助他們理解，同時也能鞏固與強化他們腦中負責語言的神經路徑。

對於較年長的孩子來說，我們與孩子共同觀賞依然很重要，因為我們是在建立關係，也傳遞強烈的訊息給孩子知道我們重視他們上網所做的事情。當我們創造與鼓勵一個開放的科技環境時，我們也在強調科技不是祕密或禁忌，而且我們的上網行為是很重要的。

這裡有一些想法可以讓共同觀賞變得更容易、也更容易達成，這些建議是所有年齡都適用的：

1. **將科技產品放在家裡的中央、大家都可以接近的地方**：像是客廳或者是廚房。用這種方式，你可以在參與的同時，也立下所有重要的界線。
2. **不要嘗試單獨去做**：也請手足、同儕跟祖父母一起來協助，那麼孩子在使用科技的時候，就有對象可以說話。
3. **問問題**：詢問他們正在做什麼？他們正在看什麼？特別是當你可以坐下來跟他們一起使用的時候，同時也要表現出對他們螢幕上的活動感到有興趣。
4. **繼續講話**：在使用科技產品之前、使用中或之後，都要繼續說話。這可以防止數位僵屍效應，但是不要認為他們每次使用螢幕的時候，你都要這麼做！在他們使用科技產品之前，很快地問一下他們計畫做什麼，或者他們期待這一集或是這個應用程式會是什麼內容（這叫做「認知準備 cognitive priming」，讓腦部可以調整好要注意的是什麼）。當他們使用科技產品的時候，偶爾看看他們在做什麼。記得，我們不想要干涉他們正在做的事，而是試著詢問他們這些影片中的人物打算如何處理問題，或者他們計畫要怎麼進行遊戲。在他們用完科技產品之後，鼓勵他們說說剛才做了或看了什麼。這可以協助他們（跟我們自己）決定他們了解到（或不了解）什麼。而我們可以在這樣的經驗中，更進一步地拓展更多可以教育他們的時刻。

5. **準備好**：準備一份電視節目、電動遊戲或者是應用程式的清單，這些是當你不能跟他一起觀賞的時候，你會樂意讓孩子使用的。正確地寫下電視節目的名稱、列出一些網站如 YouTube 的播放清單、預錄電視節目或者是收集一些 DVD。

6. **輕鬆一下**：我們與孩子的互動並不需要都和學習目標或節目內容有關聯，我們可以在看非教育性的節目時跟孩子互動，而且對孩子仍然有助益。舉例來說，討論電視劇裡的人物是怎樣處理社交情境的，這可以是討論一些重要議題的很棒平台。記得：有時候玩樂一下也是可以的！

電視事實上可以對孩子有益。

有關孩子與科技，其中最常見的迷思之一就是：電視對孩子不好。因此身為家長，當我們聽到電視事實上可以對孩子有益，經常會感到驚訝（而且高興）。

在二〇一三年，馬爾斯（Mares）與潘（Pan）兩位研究者檢視相當多調查《芝麻街》這個節目對學前兒童影響的研究，他們發現：教育性且適齡的內容，可以協助學前兒童學習，增進他們的語言與認知發展。很顯然的，重點在於內容，而我們為年幼孩子提供教育性節目的同時，確保他們的螢幕使用時間沒有過量是很關鍵的。

要為年幼的孩子找哪些優質節目的小撇步

孩子的電視節目最理想特色是：

- **重複性**：人類的大腦基本上渴望重複，這就是孩子要我們每天晚上一直讀同一本書的道理，這也是為什麼朵拉在每一集影片裡都一直重複同樣的語言。兒童電視節目會運用語言重複的方式，來協助孩子學習新的字彙或者是觀念。
- **線狀的故事情節**：兒童電視節目應該要採用線狀的故事情節，也就是應該要有單一方向、單一狀況和單一解決方式；太多的劇情糾葛或者是變化，可能會讓年幼的孩子覺得困惑。
- **可預測性**：一個可預測的模式，可以讓孩子有熟悉感，也就是說孩子可以將他們

科技小撇步

許多媒體的研發者形容他們的節目都是具有教育性的，因為他們知道如果父母親認為自己是在使用教育資源時，科技罪惡感就會減少。但是事實上，這些節目並不是全都具有教育性。要尋找優質的電視節目，建議父母親跟照顧者去安裝「常識媒體」（Common Sense Media）這個應用程式（http://commonsensemedia.org/mobile），也去看看澳洲兒童電視基金會（Australian Children's Television Foundation）的網站（http://www.actf.com.au），在那裡我們可以不斷更新看到最好的兒童電視節目（兼具教育性與娛樂性）。

的注意力用在了解劇情，而不是期待接下來會發生什麼事情。

- **非常緩慢的步調：** 連珠炮似的、步調快速的螢幕動作，對年幼孩子的腦袋來說，常常是過多的刺激，讓他們無法集中注意力，或是需要特別努力才可以集中注意力，這可能會導致認知上的超載，此時孩子往往會把注意力放在電視節目裡的枝微末節（像是他們可能要處理動畫主角的動作及偶發的言論，而不是整個劇情）。
- **互動性：** 找一些鼓勵孩子參與的互動性節目，像是會問孩子一些問題，或者鼓勵他們一邊看一邊動手做。舉例來說，《玩樂學校》（Play School）與《芝麻街》常常會在節目裡面提出兒童問題，而且會在每一集最後，建議孩子在關掉螢幕後可以做的活動。

書籍應用程式

書籍應用程式跟數位故事不能夠取代傳統的書籍，但是它們確實可以補足閱讀傳統書籍所不足的經驗，以及增強語言的能力。書籍應用程式包括一些動畫、音效、背景音樂與互動元素，只要設計得當，而且不會損及孩子理解故事的能力，它們就能夠成為增強孩子閱讀經驗的一個很棒方式。

許多有前瞻性思維的出版社，現在正利用擴增實境（augmented reality）的方式，帶給傳統印刷書籍新的生命。舉例來說，《數字奇蹟》（*Numberlys*）一書如果搭配 IMAG-N-O-TRON 所出的應用程式，這本書就彷彿有了生命。當使用觸控螢幕的照相機掃描印刷書籍之後，背景音樂就會開始播放，或是有動畫人物出現在螢幕上。這是全然不同的閱讀方式，與傳統書籍大異其趣。

打破科技迷思

迷思：書籍應用程式及數位故事比傳統的書籍要更好。

事實：書籍應用程式的設計方式，是決定其是否比傳統書籍對孩子有益的關鍵。閱讀書籍應用程式及數位書籍，與閱讀傳統印刷書籍所引發的認知過程很不一樣。有些書籍應用程式把太多的故事內容清楚地傳達給孩子——伴隨著動畫、背景音樂跟音效——以致於有時候孩子並不需要費力去產生認知。舉例來說，他們在閱讀電子書時，並不像閱讀傳統書籍般需要在腦海裡建構故事情節。

我們成人也有相同的經驗，像我們在閱讀書籍之後去看電影版本時，會發現電影很少能像書所傳達的那樣好，因為我們已經在自己的想像中建立了這個故事。

傳統的書籍就不是這種狀況，這也就是為什麼平衡閱讀的方式是這麼必要，孩子同時需要閱讀數位跟傳統的書籍。

有聲書

有聲書是書籍應用程式與傳統書籍之外的另一個好選擇。然而，它們還是不能夠取代印刷書籍的閱讀。有聲書能發展孩子的聽力、理解力、具體化與想像的能力，讓孩子自己可以想出這些影像，而不是將影像直接傳達給孩子。

有聲書也可以增加孩子的字彙，以及教導孩子專注的重要技能（他們必須要篩選掉一些令人分心的因素，像是背景音樂，有時候是音效）。有聲書也可以是讓不喜歡閱讀或閱讀有困難的讀者參與的一種好方式。

互動科技

觸控螢幕的產品為孩子提供了新的機會，讓他們可以參與更多互動螢幕的經驗。不像那些

科技小撇步

在書籍應用程式裡找簡單的設計，太多讓人分心的特色（像是過多的背景音樂或動畫），已經顯示會破壞孩子的理解力。

被動的媒體，平板電腦鼓勵孩子們主動參與及互動（仰賴應用程式的設計），它所預設的是：增加參與的機會，就可能會加強學習的效果。

在少數幾個已經發表、關於學前孩子跟互動應用程式的研究裡，有一篇二〇一二年澳洲對一百零九位學前孩童及他們的閱讀習慣所做的研究，這個研究是設計來釐清：孩子在家裡使用平板電腦是否會影響他們的語言能力。研究結果顯示：三到五歲使用平板電腦的孩子，比未使用平板電腦的同儕，擁有較佳的語言能力（有更好的字母發音知識，以及聽寫的技巧）。

很重要的是要注意：這是一個相關的研究，它並不能夠證明平板電腦可以增進孩子的學習效果，但是的確顯示了使用平板電腦及語文能力之間的關係（如果投資平板電腦的父母親也花了許多的時間跟孩子一起閱讀，或者參與了建構語文能力的活動，這樣就看似有道理了）。

科技如何阻礙孩子的語言發展

就如同科技可以支持孩子的語言發展一樣，它也可能會阻礙他們的語言發展。科技會藉以下的這些方式干擾孩子的語言能力：

- 科技忽略
- 轉換的缺陷
- 嬰兒 DVD
- 背景電視

科技忽略

如同在之前的章節所描繪的，如果我們沉浸在數位產品裡面，可能會改變了我們與孩子之間的關係，也可能會改變了孩子的語言技能，因為他們不能夠得到「有來有往」的互動，而這種互動對語言的發展是相當關鍵的。

二〇一五年，在一個由美國說話語言聽力協會所做的研究裡發現：有百分之五十二的父母親相信，他們與孩子之間的對話比他們想要的還要少，主要是因為他們的科技產品使用習慣。作為父母親，我們需要很小心，不要讓自己沉溺在數位產品裡，因而不能與孩子做適當的互動。

轉換的缺陷

安德森、潘佩克與巴爾（Barr）所做的研究提供了證據，說明了年幼孩子從電視及觸控螢幕所學到的，比從真實、活生生的示範裡所學到的更少。這種「轉換的缺陷」是形容年幼孩子不能夠將自己從觸控螢幕所學的，轉換到現實生活環境的現象。

一般相信「轉換的缺陷」可能一直持續到孩子大概兩歲半的時候，也就是說，年幼孩子在他們出生後的前幾年，需要有足夠的經驗去參與豐富、親自動手的一些工作，同時也代表著，如果他們在生命早期要使用螢幕的話，我們必須要非常仔細的考量到麗莎・耿西（Lisa Guernsey）所稱的三個C：孩子（child）、內容（content）與環境脈絡（context）。

如果我們聚焦在孩子使用螢幕時的內容與環境脈絡，就可以對他們的發展有正向的影響。

特別是，如果我們聚焦在孩子使用螢幕時的內容與環境脈絡，我們就可以對他們的發展有正向的影響，也可以協助改善所謂的「轉換的缺陷」。說到「內容」，我們需要確認我們讓孩子接觸的是適合其年齡發展的內容（如需參考建議的電視節目以及應用程式，可以使用「常識媒體 Common Sense Media」這個應用程式搜尋，裡面策劃與評論了一些適合家庭及教育者所使用的最新進科技：http://www.commonsensemedia.org/mobile）。

而提到「環境脈絡」，我們需要減少孩子曝露在背景媒體下的機會（請見下一節背景電視的說明），也要盡量與孩子共同觀賞（請見本章前面有關共同觀賞的說明）。

重要的是要注意：年幼孩子（也就是兩歲以下）使用螢幕不一定有害，只不過並非利用他們時間的最好方式。基本上我們對於要與年幼孩子使用哪些媒體，需要很小心且有選擇性（事實上，對所有孩子來講都很重要）。在他們觀賞時，他們所看的是什麼，以及我們如何跟他們互動，是絕對重要的！

內容真的最重要，但是孩子使用科技的方式，也就是環境脈絡，也一樣不可忽視！

嬰兒 DVD 與節目

生產嬰兒 DVD 的業者估計，每年光在美國就有超過兩億元的商機。新手父母以及出於善意的祖父母及朋友們，常常會購買這些嬰兒用的 DVD，因為行銷手法宣稱：這些教育產品可以給嬰兒的發展一個很好的開始，而且會促進腦部的發展及語言。市面上不只是有嬰兒的 DVD 而已，同時還有一系列專為三歲以下的小孩設計的教育性電動遊戲、科技玩具與觸碰式面板。身為父母親，我們想要購買有關嬰兒的媒體產品、給孩子一個好的開始時，卻面臨越來越大的壓力。

身為父母親，我們想要購買有關嬰兒的媒體產品、給孩子一個好的開始時，卻面臨越來越大的壓力。

生產嬰兒 DVD 的業者估計，每年光在美國就有超過兩億元的商機。

不管許多嬰兒 DVD 產品的行銷手法如何大肆宣傳與聲稱功效，並沒有研究可證實他們所宣稱的，這些產品可提供嬰兒教育上的優勢。在二〇〇七年，擁有「小小愛因斯坦」（Baby Einstein）DVD 的迪士尼被迫將他們的嬰兒 DVD 回收，因為聯邦貿易委員會（Federal Trade Commission）發現這些產品的網站跟他們包裝上所宣稱的功能，並沒有受到研究的支持。

二〇〇七年在《小兒科期刊》（*The Journal of Pediatrics*）所發表的一篇論文提出了一個結論：嬰兒媒體並不能提供給嬰兒教育上的益處，它們不是客廳裡的老師，儘管行銷手法的宣稱是如此。季默曼、克里斯塔奇斯與梅佐夫（Meltzoff）發現：八到十六個月大、每天持續看嬰兒 DVD 的嬰兒，平均比沒有看 DVD 的嬰兒所認識的字少了六到八個；嬰兒媒體、DVD 與影片對於十七個月到兩歲大的學步兒也沒有效果（不管是正向或負向的）。因此行銷所宣稱的這類產品會促進語言發展，事實上在研究中並沒有根據。

許多嬰兒媒體的產品是敘述性、或者是說故事的格式，兒童發展的研究告訴我們：嬰兒一直要等到大概十八到二十二個月大的時候，才有辦法理解故事，因此這麼多教育性的 DVD，事實上是不適合兒童發展的。

現在，假如我們的孩子已經看了、或者使用了嬰兒 DVD，在我們恐慌之前，讓我提供一些保證給家長們：就因

許多教育性的 DVD，
事實上是不適合
兒童發展的。

為我們的孩子已經看了這些 DVD，並不表示我們就失敗了或者是把事情搞砸了。這些少量的影片和 DVD 極不可能造成傷害，作為平衡學習經驗的一部分，這些產品不太可能會對孩子有負面影響。

事實上，嬰兒平均花在觀看嬰兒 DVD 的時間據報是九分鐘，因此只在這裡或那裡看個幾分鐘，並不會造成長期的問題或一些負面的結果。但是如果我們真的選擇使用嬰兒 DVD 的話，也必須盡量少用，而且在使用時知道它們並不會「教導」我們的孩子。當我們使用 DVD 的時候，我們需要盡量跟嬰兒一起觀看，也跟孩子討論他們在螢幕上看到的東西、協助他們去連結真實生活中的經驗。

不要愚昧地相信嬰兒 DVD 跟媒體是有教育性的，或者會促進孩子的智商和語言發展，根本不是那麼一回事，也沒有清楚的證據支持嬰兒媒體的任何效果，因此不要覺得自己非得要將這些產品介紹給孩子不可。

之前提過，假使孩子每天清醒的時間有限，那最好讓他們把時間用在參與一些活動，而不是緊盯著螢幕。身為家長，我了解有時候我們需要休息一下，而嬰兒媒體可以是娛樂孩子的一個有效方式（當我們需要去淋浴、或者是打一個重要的電話時），但是我們需要非常小心，不要總是仰賴數位科技來當孩子的保姆。

如果我們持續地使用嬰兒媒體來安撫或娛樂他們的話，嬰兒很快地就習慣被螢幕或者一些科技安撫下來。因此，在我們需要獨處的時候，我們需要去尋找其他方式讓孩子能有事情做。

舉例來說，像積木遊戲或者是讓孩子趴一會兒，是其中一些能夠讓孩子愉快而且建構他們腦部的最有效方式。

一個在二〇一四年發表於《教育心理學期刊》（*Journal of Educational Psychology*）的研究證實：嬰兒不能夠從嬰兒媒體裡學會閱讀，看 DVD、閃示卡或是影片，也無法教會嬰兒如何閱讀。事實上，我們根本不需要教嬰兒閱讀，我們一點都不急著要把正式的學術技巧教給嬰兒，這並不適合他的發展。

我們也不需要去買一些產品來促進孩子的語言能力。我們從研究中知道，嬰兒可以從最簡單、跟父母親「有來有往」的互動中獲益最多。事實上，我們不需要急著讓孩子長大。

為什麼嬰兒會喜歡嬰兒媒體？

許多有腹絞痛問題的嬰兒家長通常會說：嬰兒的 DVD 是彌補父母不足的方式，即使嬰兒在嘶吼，一旦打開電視或者是播放嬰兒 DVD，通常他們的孩子就立刻停止哭鬧。

巴夫洛夫效果（Pavlov effect）早已被用來解釋，為什麼嬰兒會受到嬰兒 DVD 的吸引（這也是為什麼嬰兒會很快知道電視螢幕在哪裡，而且會轉過頭去看）。那些一連串快速移動的影像、以及伴隨的音樂，是嬰兒剛開始受到螢幕吸引的主要原因，而持續變化的影像跟聲音會引起他們重新定位的反應。這是我們最原始的反射動作，也因此腦的原始部分被啟動了（就像我們其他的原始反射動作一樣，如驚嚇反應），這是一種保護性的反射。它會自動提醒我們一些潛在的危險，也將我們的注意力集中起來。新鮮而持續變化的影像與聲音，事實上很容易吸引嬰兒的注意，這也解釋了為什麼孩子看起來像是被他們在螢幕上所看到的影像所迷惑，而忘記了腹部的疼痛。

打破科技迷思

迷思：年幼的孩子可以從應用程式與DVD裡學習第二語言。

事實：數位產品不能取代真實的互動，孩子從與真實人物的互動裡獲益最多。

一個二〇一三年在《神經科學期刊》（*The Journal of Neuroscience*）所發表的研究建議：讓孩子在四歲之前沉浸在雙語的環境裡，是可以讓他們兩種語言都說得很流利的最好機會。孩子的腦部在這一段時間內是最能夠接受第二語言的學習的，這也促進了紛至沓來的數位產品的設計與行銷，來吸引家長們從這種學習第二語言

減少電視干擾的小撇步

為了要減少任何與電視有關的可能的傷害，一般家庭可以做的是：

- **當沒有人看的時候，關掉電視。**
- **當年幼的孩子在身邊的時候，減少收看媒體的機會。**我們不需要完全地避免，但是我們的確需要很小心，不要讓我們的媒體習慣干擾到我們跟孩子的互動。
- **訂出讓媒體休息的時間表。**規劃每天沒有媒體作為背景的一些時間，那麼我們的孩子就能夠學會自我安慰，而且不會總是仰賴科技來刺激他們。孩子偶爾也需要習慣安靜以及白噪音，這些是成功學業表現的重要技能。

的「認知黃金時段」大獲其利。

許多家長很熱衷於使用一些媒體（像是電視節目、DVD、電腦軟體、CD以及應用程式）來教導孩子第二語言。然而根據庫爾（Kuhl）、曹（Tsao）與劉（Liu）等人的研究發現：孩子從數位的媒體裡學習語言，不比從面對面的互動裡學習第二語言來得有效。這個研究發現：六到十二個月大的嬰兒，從預錄的真人示範與社交互動的錄音裡所學會的中文，比那些只聽中文錄音的嬰兒，學會更多中文。

背景電視

「背景電視」這個名詞是形容孩子在做其他的事情而不在看電視時，讓電視在房間裡一直開著。這看起來似乎是無害的，但可能會有意想不到的結果，特別是對於兒童的語言發展與社交健康而言。

就像二手菸一樣，「二手電視」對孩子的發展可能產生不良的影響，特別是他們的語言技能。西澳洲自然遊戲（Nature Play Western Australia）的首席執行長葛瑞芬・龍立（Griffin Longley）宣稱：在家裡面，如果每天讓電視（或螢幕）開在那裡兩小時的話，家裡的人一天下來可以對彼此說話超過六千個字，然而如果家裡有人在就讓螢幕一直開著的話，家人之間一共只會說五百個字。

在許多家庭裡，把電視開著當背景是很平常的事，而且經常是每天都聽得到的家庭配樂。事實上，二〇一三年在《小兒科期刊》發表的研究發現：八個月到八歲的孩子，每天平均曝露在電視背景的環境裡四個小時。

背景電視會讓孩子的注意力從其他值得花時間的重要活動（像是遊戲跟學習）中轉移開來，接著就可能會影響他們的語言跟社交的發展。我們知道背景電視對孩子來講有負面的影響，會中斷他們的遊戲，也干擾他們語言能力的發展，也可能會改變父母親與孩子互動的方式。

背景電視能夠以特殊方式改變嬰兒跟學步兒的遊戲模式，它會讓孩子更難了解在他周遭所進行的對話，讓他們更不容易去學習新的字彙及調整語言的模式。電視與家人同時競相發聲，也會讓孩子更難去專注及處理其他人正在說什麼。

背景電視也可能會造成孩子在玩遊戲的時候更不容易專心。他們不會與一個玩具消磨個幾分鐘，而是年幼的孩子可能正在玩一個玩具，然後看一下電視，接著就轉向另一個玩具。這種短暫的注意力可能會減弱他們的專注程度。

當電視開著時，我們常常會分心，父母親與孩子互動的方式也因此而改變，這也可能會造成我們跟孩子的互動更少。在二〇〇九年《兒童發展》（*Child Development*）期刊裡面所刊載的一個研究發現：背景電視會影響我們跟孩子互動的質與量。

當我與家長們說話時，他們常常會很驚訝地知道：讓電視開著當背景，竟然會有如此不良的影響！因此，如果我們擔心（或者甚至覺得有點罪惡感），是因為我們不知道有不良的結果，請放心這當然不是普通常識。記得，就如同瑪雅・安傑羅（Maya Angelou）所說的：「當你知道得更多，就會做得更好。」

打破科技迷思

迷思：讓嬰兒看運動節目是可以的，因為他們不知道自己在看什麼。

事實：看電視上的運動節目不一定對嬰兒有害，但是會讓他們分心，也會限制了孩子與父母「有來有往」的互動時間，而這對於孩子的發展是非常重要的。

通常嬰兒顯然很喜歡電視上吸引他們注意力的聲音以及視覺效果，特別是看運動節目的時候，但是對他們來講，這並沒有好處。要記得：他們的注意力被吸引，是因為他們的定向反應的緣故。成人導向式內容，不管是新聞、運動或者是一些遊戲節目，對嬰兒來講都沒有意義。當父母親在看電視的時候，他們的注意力不會一直放在嬰兒身上，嬰兒可以感受得到。孩子也需要許多「有來有往」的互動，而看電視會讓他們減少這些互動。

偶爾，看一點點運動節目，並不會對嬰兒有害。但是假使他們的清醒時間有限，我們就不希望這些珍貴的時間總是被螢幕所掌控。

打破科技迷思

迷思：背景音樂對孩子有害。

事實：緩慢、柔和以及熟悉的背景音樂，可以支持孩子的發展。

背景音樂如果是快節奏、大聲以及孩子不熟悉的，就會干擾他們的學習跟遊戲。當孩子的腦部只有有限的資源來處理這些進來的資訊時，也會造成認知上的超載。如果他們試著要處理這些新的歌詞與旋律，可能會增加他們注意力的額外負擔。

一個二〇一二年發表在《音樂心理學》（*Psychology of Music*）的研究，探索成人在聽音樂的同時，其閱讀理解力如何。這個研究發現：快速及大聲的音樂會干擾閱讀理解力。孩子的認知也有可能會受到快速和大聲音樂的不良影響。因此，我推薦緩慢、柔和與熟悉的背景音樂給年幼的孩子。

迷思：播放莫札特的音樂給嬰兒與年幼孩子，可促進其IQ。

事實：播放莫札特的音樂不一定會增進孩子的IQ，它們對孩子的發展無害，但是也不能夠加速孩子的學習。

這個神經學的迷思已經持續很久了，而且被廣為行銷，造成了成千上萬的父母親受騙。

一個在一九九三年發表在《自然》（*Natural*）期刊的研究建議：聆聽古典音樂會增進腦部的功能，然而問題在於加州大學的研究是以三十六位年輕成人學生為對象，並沒有讓嬰兒和孩子參與。

這個研究要參與者完成一系列的心智工作，而在每一個工作之前，研究者會讓他們聆聽十分鐘的靜音，或是做十分鐘放鬆運動，或者是聆聽十分鐘莫札特D大調的兩段鋼琴協奏曲。研究發現聆聽莫札特的那一組在工作上的表現比較好，參與者必須要在腦袋裡面創作一個模型（空間技巧），然而這個效果只持續了大概十五分鐘左右。

現在真正有趣的是，這個研究的作者從來沒有運用所謂的「莫札特效應」（Mozart effect）這個名詞，他們也不敢大膽聲稱這些結果，事實上他們對於自己的發現非常的保守，然而整個嬰兒莫札特的製造業就從這個研究發展出來了。

這是其中一個神經科學從一個研究遭受誤解而過度類化的案例，但是父母親不是唯一被愚弄的對象，美國的喬治亞的州長還提案要州政府設立一個讓每位新生兒都可以收到一片古典音樂CD的基金會。

已經有更進一步的研究在測試「莫札特效應」，而所有的研究都發現雖然有一些益處，卻沒有長期的效果。聆聽古典音樂所累積的益處會隨時間迅速消失，而且大部分的益處是聚焦在空間技能的發展。

總而言之，大部分的研究已經顯示，不管是莫札特或者是現代的音樂，都能夠協助啟動以及介入腦部的運作，而這就是為什麼我們可以稍後在空間技能上的表現比較好的原因（即便它只持續了一段短時間）。

然而，我們不需要將嬰兒莫札特的CD丟棄。雖然它們對孩子也沒有壞處，我們在使用時不應該認為它們可以促進孩子的腦力。

音樂是可以整合左右半腦的少數活動之一，也可以支持孩子的發展，它也會影響孩子的心情，作用像是斷路器（電流附載過高會自動斷電）一樣（很少有孩子在他們的父母親唱《如果你快樂你會知道》時不會笑出來）。音樂已經顯示出可以發展孩子的旋律感以及工作記憶技巧（這些對於閱讀都是非常重要的技巧）。因此，打開音樂吧（不要太大聲）！因為音樂對孩子是有益的。

本章精華回顧

如何在數位時代發展語言能力：

- **不要讓螢幕干擾我們與孩子的互動：**從事許多跟孩子「有來有往」的互動。當我們跟孩子說話的時候，放下智慧手機。
- **在家裡特別規劃沒有科技干擾的區域：**設定一些不能夠使用科技產品的區域。
- **要指出不使用科技產品的明確時間：**舉例來說，像是上學前以及週末假日不使用螢幕。
- **共同觀賞（盡可能地）：**盡可能與孩子一起使用科技產品。在他們打開螢幕產品之前、使用當中以及使用之後，與他們談論有關他們正在觀看或者創作的是什麼。
- **提供機會來談話：**提升與孩子在家（或者在車子裡）互動及討論的機會。不要讓螢幕產品干擾了這些機會。

語言豐富的經驗對孩子的發展是非常關鍵的。當我們適當及有意的使用時，科技可以增進孩子的語言發展，但是如果沒有仔細管理的話，螢幕產品也可能潛在地干擾孩子的語言技能。

下一章將會檢視第三個學習的基石——睡眠。

第5章 基石三：睡眠

我們孩子的睡眠模式跟習慣，受到許多數位科技的威脅。

這一章將會檢視為什麼睡眠對孩子的發展是如此的關鍵，而我們孩子的數位生活是如何影響他們的睡眠習慣。

睡眠對發展中的腦部是非常關鍵的

年幼孩子需要睡眠來確保他們健康的腦部發展，同時讓他們發展中的身體有時間恢復。此外，成長荷爾蒙在睡眠中會釋放出來，因此孩子有適當睡眠是相當重要的。

身為成人，我們知道如果沒有足夠的睡眠，我們的功能就變得很差。還記得在孩子剛出生時，那些無眠的夜晚嗎？我們多麼願意做任何事來換取可以稍稍闔眼的機會。

在孩子清醒的時候，對孩子的腦袋來講，要接收洪水般的新經驗，同時又要讓這些經驗產生意義，是非常繁重的工作。在睡眠期間，他們的腦部就會停止接收新的資訊，而且會將已看到與已經驗的事物分類。

當孩子在睡眠時，他們的腦袋就像電腦的硬碟一樣進行重新整理，它會格式化與整理，同時完成兩項重要任務：修剪與鞏固；它會修剪不需要的突觸（腦細胞之間的連結），舉例來說，不需要的記憶會被丟掉。

睡眠也讓腦部藉由處理整天所遭遇的資訊，做鞏固的工作。我們的腦部是相當有效率的，知道要將哪些丟掉以維持最佳效率。睡眠的時間與品質對鞏固記憶相當重要。

不良睡眠的影響

二〇一四年澳洲的報告估計：孩子的不良睡眠習慣，每年額外耗費了納稅人二千七百萬美元去看醫生以及睡眠診所，而這些與工作受到中斷、心理健康問題的增加有關。

根據沙德（Sadeh）、葛魯伯（Gruber）與瑞衛夫（Raviv）的研究，睡眠不足已經顯示對孩子的健康與發展有許多不良的影響，對孩子的情緒（我們已經都經歷過學步兒因為疲憊而引起的情緒海嘯）、行為問題、警覺狀態、學習能力、記憶形成、情緒健康、專心程度、免疫力、反應時間、肥胖比率以及衝動控制有負面影響。

孩子需要多少睡眠？

就像大部分的童年期指導方針一樣，大家對於睡眠的需求有相當不同的看法，即便是對相似年齡的孩子來說也是如此。以下的一些指導原則指出了每一個年齡層的睡眠時間範圍，這是依據澳洲睡眠健康基金會（Sleep Health Foundation）的指導原則而來，而這些原則的依據則是二〇一五年發表在《睡眠健康》（*Sleep Health*）的睡眠建議。

現代的孩子真的被剝奪睡眠了嗎？

數位科技引起的失眠，被認為是現代健康的一種流行病。孩子的健康專業人員及老師們很感嘆，現在許多的孩子有慢性疲倦的事實。一些睡眠專家也提出：有些孩子的行為與學習問題（像是過動），可能在某方面是因為慢性疲倦所致。

南澳大學（University of South Australia）的一個研究顯示：十到十五歲的學童，平均比二十年前的同齡孩子每天少睡三十分鐘。這是很大量的睡眠減少，當然在這麼長的一段時間內，我們的生理需求都沒有改變，因此這代表著我們睡眠習慣的劇烈改變。

年齡層	每二十四小時需要的睡眠量
新生兒（0 – 2 個月）	14 – 17 小時
嬰兒（4 – 11 個月）	12 – 15 小時
學步兒（1 – 2 歲）	11 – 14 小時
學齡前兒童（3 – 5 歲）	10 – 13 小時
學齡兒童	9 – 11 小時
前青春期與青春期的青少年	8 – 10 小時
成人	7 – 9 小時

這個發現也讓人擔憂，因為二〇一三年發表在《發展神經心理學》期刊上的研究顯示：即使是很少量的睡眠剝奪（一個晚上少睡一個小時），可能就會損害孩子的認知功能，特別是他們的語言技能。這個研究顯示：對國小年齡的孩子來說，只是一個晚上損失一小時的睡眠，就相當於減少了他們兩個年級程度的認知能力。因此，一個小四學生如果每天晚上被剝奪一個小時的睡眠，他就可能表現出與小二孩子一樣的程度。

我們聽聞老師們報告說孩子在學校上課的時候睡覺，一些健康專家也說在他們看診的時候發現同樣的問題。在二〇〇〇年發表於《發展與行為小兒科期刊》（*Journal of Developmental and Behavioral Pediatrics*）上的研究顯示：老師們報告說，大概有百分之十幼稚園到小學四年級的孩子，常常在上學的時候睡覺。

一個二〇一二年由波士頓學院（Boston College）所做的研究顯示：老師們相信他們的教學受到孩子睡眠剝奪的影響。

即使是很少量的睡眠剝奪（一個晚上少睡一個小時），可能就會損害孩子的認知功能。

打破科技迷思

迷思：把電視放在小孩的房間裡是可以的。

事實：放在孩子房間裡的電視，可能會損害了孩子睡眠的質與量，而且與肥胖有關。

看電視一向被視為與睡眠問題有關，尤其如果電視是放在孩子的房間裡。其他媒體（像是電腦、電動遊戲或者可上網的裝置）出現在孩子的房間裡，也與孩子的不良睡眠質量有關。在孩子房間裡面放置螢幕產品，可能會延緩了睡眠的啟動，也會破壞孩子的睡眠循環（會在這一章裡面探討）。

年幼孩子接近行動式科技的機會一直增加，像是遊戲機、平板電腦及智慧型手機，它們通常很容易被攜帶或「偷渡」到臥室裡面。對我們來說，通常很難去確實監控孩子到底接收了多少的媒體訊息，或者是在數位產品進入他們的臥室後，限制他們可以使用哪些媒體。

儘管指導原則建議我們不要讓電視進入臥室，但也有證據顯示這些建議通常是被忽略的。據估計，澳洲五歲孩子有百分之三十的臥室內有一台電視。

樹立健康的睡眠模式與習慣是很重要的，將科技產品從孩子的臥室裡移開，那麼孩子就較不可能受到數位產品所分心，這可以幫助他們的大腦準備休息，並減少曝露在藍光下的機會（我們也會在這一章裡探討）。

科技如何協助我們孩子的睡眠模式

有許多新的科技產品宣稱可以改善孩子的睡眠習慣，這些設計有時候可以協助孩子的睡眠是無庸置疑的，但是我們要小心不要讓它們成為孩子所仰賴的數位產品。在一個理想的世界裡，我們不需要仰賴科技做一些應該是很自然的事，像是睡眠！

有些先進的科技產品可能可以協助孩子的睡眠習慣，包括：

- 體適能追蹤器
- 白雜音（white noise）應用程式
- 嬰兒的監控器與應用程式
- 螢幕調光設計
- 反應式夜燈

體適能追蹤器

利用衛星導航啟動的體適能追蹤器與應用程式，可以監控孩子的睡眠模式。這些監控科技使用微小的加速儀來測量動作，但是它們常常太敏感了以致於不能正確地記錄孩子的睡眠習慣，因為孩子是惡名昭彰的活躍睡眠者。然而這些產品可能對一些不放心的父母親有用，他們認為孩子可能有睡眠的問題，因此在尋求醫療的協助之前，可能想要去證實他們的直覺是否正確。

白雜音應用程式

白雜音結合了高與低頻率的音波，這種持續重複的聲音包括電視雜訊、吸塵器、吹風機或是電扇的聲音。由於大腦無法細分其中的聲音，因此白雜音可以協助引發睡眠，或是對抗一些讓人煩惱、具破壞力的背景聲音，也可以幫助延長睡眠的時間。

在今天的應用程式市場以及網路音樂商店裡，有數量龐大的白雜音應用程式及音樂檔案，父母親很容易地就可以模擬子宮裡面的聲音，或者是電扇的嗡嗡聲，來安撫新生兒，或者它們可以伴隨著一種吸塵器的聲音，來引發或是延長嬰兒的睡眠。

然而，要注意這種白雜音應用程式是睡眠條件（sleep association）的一種形式。所謂睡眠條件，是指我們的孩子需要特別的物品或者是情境，來讓他們入睡的情況。因此如果，舉例來說，我們忘了拿手機（或是在孩子睡覺的時候需要使用它，或是剛好沒電了），就可能會造成孩子睡眠的問題。

白雜音可以誘發睡眠或
對抗背景中令人煩躁、
具破壞力的聲音。

科技小撇步

讓孩子培養良好睡眠習慣的最簡單方式之一，就是確定臥室是沒有任何科技干擾的區域。在家裡規劃出一個指定區域，每天晚上都要在指定的時間將科技產品放到那裡充電。這對父母親來說，可以更輕鬆地迅速清點一下數目，檢查所有的行動式產品都在那個指定區域（而不是在被褥或枕頭底下）。

嬰兒的監控器以及應用程式

嬰兒的監控器（有些有錄影功能）讓父母親更容易聽到或看到嬰兒，不需要常常跑到嬰兒床邊去看（因為這樣也可能會吵醒孩子）。也有一些嬰兒的監控器，會在嬰兒已經哭了幾分鐘之後，傳簡訊給父母親或是保母們。附感應器的嬰兒睡衣可以協助父母親確定嬰兒的健康情況（這些感應器會把資料送到應用程式上，這個應用程式監控嬰兒的體溫、行動、呼吸以及心跳率）。

也有一些很像傳統嬰兒監控器的攜帶型選擇。智慧型手機的照相機可以觀察我們的嬰兒，它可以在孩子醒過來或者哭的時候，呼叫我們（如果你手邊有另外一支手機的話）。很重要的是要注意：這些科技產品沒有任何一個可以替代父母親的監控。

我們的確需要很小心，不要讓事情太過複雜化，特別是新手父母親。即使許多這樣的產品是為了讓父母親不要擔心而設計及行銷的，它們有時可能造成我們對孩子的健康及睡眠更加的焦慮、超乎需要的焦慮。

科技小撇步

當我們靠近嬰兒睡眠區的時候，在使用手機之前，先將它轉換到飛航模式，這樣可以減少曝露在電磁波（electromagnetic radiation, EMR）底下的機會，因為電磁波對嬰幼兒有潛在危害。更多細節請見第十一章有關電磁波對健康可能的影響。

就我個人來說，如果沒有健康專業人員的推薦，我不太願意去使用這些產品。一個心裡感到煩惱的孩子，通常用大聲的哭喊更能夠讓父母親知道他的難過（至少從我有兩個愛哭孩子的親身經驗是如此）！此外，有一些可能的健康顧慮與嬰兒曝露在監控器所發出的電磁波有關，因此我們需要很小心並且盡可能少用這些產品（請看第十一章有更多的細節）。

螢幕調光設計

有越來越多的應用程式可以用在電腦的顯示器上，自動調整螢幕的亮度。舉例來說，f.lux 會在一天將結束時，減低顯示器的色調。也有一些物理的濾光器，我們可以將它放在螢幕前面，以減少藍光的放射。藉由減少螢幕放射出來的藍光，孩子的晝夜節律（circadian rhythm，編按：即生理時鐘，為人體以二十四小時為週期的生理變化）就不會受到負面的影響（在下一小節，你可以讀到更多有關藍光的不良影響）。

如果我們真的需要在睡前時使用螢幕產品的話，偶爾使用螢幕調光器跟濾光器是有幫助的。但是最理想的是：我們要讓孩子養成健康的科技使用習慣，在就寢前一個半小時，他們就可以把科技產品關掉（這會在下一小節解釋）。

反應式夜燈

現在有一些夜燈與燈具會慢慢亮起來（就像太陽升起一樣），讓我們孩子的身體很自然地醒過來；它們也可以暗淡下來，協助孩子進入睡眠狀態。這樣的產品顯然只適用於幸運的父母親，也就是你們的孩子不會在天剛破曉時就醒過來。

也有一些燈具上面採用分離式燈泡，可將它們拿下來放置在房間裡的任何地方，持續發出平靜的光線大概三十分鐘，通常足以讓孩子入睡。對於擔心房間裡有怪物的孩子，這也是可以緩和情緒的好設計（而且是夜燈的便宜替代品）。

雖然這些產品都可以協助孩子養成睡眠模式，我們必須要小心不要仰賴這些產品，同時要確定它們不會讓孩子的睡眠問題惡化。我們要孩子培養健康、可持續的睡眠習慣，主要是要把科技產品關掉，而不是使用更多或仰賴它來入眠。

科技如何妨礙我們孩子的睡眠習慣

我們孩子的睡眠模式與習慣，受到許多數位科技產品的威脅。在睡前使用螢幕與數位產品，對孩子的睡眠習慣及模式有嚴重的負面影響。

發表在《小兒科》（*Pediatrics*）、《學校護理》（*The Journal of School Nursing*）、《睡眠》（*Sleep*）期刊上面的各種研究都證實了：在睡覺前花時間在螢幕上（像是看電視、玩電動玩具或是使用電腦）的年幼孩子與青少年，要比那些觀看較少或不看數位媒體的同儕，要花更長的時間進入睡眠狀態。

二○一三年的兩個不同研究也顯示：在孩子上床前九十分鐘使用螢幕，可能會造成睡眠的延遲，經過一段時間以後，這種睡眠損失一直累積，就可能會導致整體的睡眠不足，也會影響孩子的智能、行為與發展。在二○一四年所做的一個廣泛的文獻回顧，發現了學齡兒童及青少年的螢幕使用時間與睡眠結果之間的關聯，**即便是輕微的睡眠負債**（sleep debt），**也可能會有長遠的影響**。舉例來說，每天晚上少睡三十分鐘，光是一個禮拜就損失了三點五個小時的睡眠。

> 使用螢幕會刺激孩子，使得啟動睡眠變得更困難。

睡眠負債經時的累積，可能就會對孩子整體的健康及學習能力產生相當大的影響。不良的睡眠可能對孩子的發展、健康與福祉有相當大的影響。科技對孩子的睡眠模式會產生以下的不良影響：

- 螢幕取代睡眠
- 過度刺激腦部
- 藍光會阻礙褪黑激素的產生
- 睡眠保健不良
- 可怕的內容
- 電磁波的放射

螢幕取代睡眠

使用數位科技產品可能會延誤孩子的就寢時間，也就是會直接導致更少的睡眠時間。我們可以強制數位科技產品也「就寢」，來控制這個狀況。

過度刺激腦部

使用螢幕產品會刺激孩子，使得啟動睡眠變得更困難。電視或是電動遊戲急速變化的畫面，可能會過度刺激年幼孩子，以及啟動腦部區域，這些區域在睡眠之前是需要轉變成被動的模式。有些（但不是全部）螢幕活動對於發展中的腦部與身體會太過刺激，而腦部與身體所需要的正好相反。使用互動螢幕也比只是看電視要更具刺激性，孩子需要時間鬆下發條並靜下來，也需要可預測的模式。科技並不能夠提供睡眠前的這些條件。

藍光會阻礙褪黑激素的產生

從科技產品所散發出來的藍光，可能會影響晝夜節律，也會讓孩子無法入睡。從平板或者其他的螢幕產品所散發出來的直接短波藍光，會阻礙褪黑激素（一種輔助睡眠的荷爾蒙）的產生，而身體會在黑暗中製造褪黑激素。沒有足夠的褪黑激素，對孩子來說就更難入眠、或是提升其睡眠品質，這可能會造成睡眠的延遲，而經過一段時間，這些延遲可能會累積變成睡眠不足。

打破科技迷思

迷思：避免在睡覺前使用電子書及書籍應用程式。

事實：在睡覺前使用什麼形式的電子書以及書籍應用程式，要仔細的選擇（特別是在孩子就寢前九十分鐘內）。有些數位產品是特別設計來夜晚閱讀，不含藍光。

如果只是在睡前閱讀的話，我們不需要完全禁止在睡覺前使用科技產品，而是要謹慎地使用它們，也要與傳統的書本一起使用。

避免含有太多鈴聲或哨音（像是動畫與音效）的書籍應用程式，因為它們可能會喚醒或刺激孩子。使用分心因素較少的基本電子書跟書籍應用程式，而且互動功能（像是書裡面含有對抗的遊戲或猜謎）也不要多。

去找一些簡單設計的電子書跟書籍應用程式，而且要記得調暗螢幕的亮度，減少曝露在藍光底下的機會。

個案研究

在梅蘭妮一家買了一台觸控螢幕產品時，她認為在睡前看一些影片是可以讓她的兩個女兒安靜下來的好方式。以前，孩子在上床睡覺之前，要看電視二十分鐘，這似乎能夠讓她們放鬆，因此梅蘭妮認為使用觸控螢幕的產品效果應該跟電視是一樣的。

大概一週過後，梅蘭妮注意到兩個女兒花了比之前更長的時間才入睡。起先，梅蘭妮認為這只是巧合罷了，但是再過幾週之後，孩子的睡眠情況並沒有改善，梅蘭妮就很困惑，因為她的孩子只是用平板電腦看了跟電視上同樣的節

男孩子比女孩子更容易受到電視對他們睡眠的影響。

科技小撇步

如果孩子在睡前使用數位產品的話，就減少螢幕的亮度，同時要增加孩子與螢幕之間的距離，減少吸收藍光的機會（這也就是為什麼有時候在睡前看電視是比使用平板電腦或手機更好的選擇，因為電視散發出的藍光較少，孩子也坐得比較遠，因此受到藍光的不良影響就不會像行動式的數位產品那麼多）。

目。梅蘭妮想起之前聽過我在一個家長的研討會上，提到有關睡前螢幕時間的事，就恍然大悟！

隔天晚上，梅蘭妮把她的例行方式改變了一下，她的女兒仍可以在 iPad 上看一些影片，但是她們必須要在晚餐之前看（而不是在睡前），她同時也把那個觸控螢幕產品的光線調暗了一些，堅持女兒們必須要跟螢幕保持距離。梅蘭妮很驚訝，接下來的三個晚上，女兒們的睡眠習慣已經大幅改善（而且一直持續維持這樣的情況）。只是這樣很簡單的改變，就能夠產生如此驚人的效果，讓她很高興。

睡眠保健不良

當科技變得越來越方便攜帶，孩子常常就帶著（或偷偷帶著）平板電腦以及遊戲機到他們的臥室裡（我們小時候要把電視偷帶到房間裡真的是難多了）。身為父母親，我們常常對於孩子在臥室裡的螢幕習慣渾然不覺，我們有時候會認為孩子是在睡覺或者至少是在放鬆，但事實上，他們可能就在使用數位產品。在臥室裡使用科技產品與螢幕並不能創造健康的睡眠條件，臥室需要被視為是一個很神聖的場所，只用來休息及放鬆，此外別無其他。

有些孩子會因為科技產品而形成不良的睡眠條件。在二〇〇五年湯普森（Thompson）與克里斯塔奇斯做了一個研究，他們發現：不到三歲的孩子看電視與不規則的小憩時間是有關聯的。

兩個分別於二〇〇五年與二〇一四年刊登在《小兒科》期刊的不同研究，也已經顯示了：看電視及電視出現在孩子的寢室，都跟孩子更短的睡眠週期有關，而從嬰幼兒到兒童中期的孩子，他們的睡眠模式更不規則。研究發現一個有趣的現象：男孩子比女孩子更容易受到電視對他們睡眠的影響。

在其他的案例上，孩子則是仰賴科技來入眠。許多父母親提到：讓孩子看電視或是DVD可以協助孩子入眠，而這已經成為睡眠例行公事的一部分。這不是我們要孩子培養的一個健康或可持續發展的習慣（在孩子寢室裡的螢幕也可能會破壞了他們的睡眠週期）。

打破科技迷思

迷思：對小孩來講，讓電視開著入睡是可以的。

事實：讓電視（或其他的數位產品）開著睡覺，可能會影響孩子的睡眠品質。

孩子與一些小器具形成依附關係來協助他們入眠，就像他們帶著模型或者讓他們很舒服的玩具一起入眠一樣。可能是讓臥室裡的電視開著，來協助小孩子入眠，或者是在他們睡覺的時候觀看 DVD；其他的孩子則渴望在睡覺時使用科技產品。舉例來說，玩電動遊戲或使用平板電腦可能會變成習慣，倘若沒有這些產品的協助，孩子就無法入眠。

使用科技產品來協助孩子入眠，看起來似乎是有效的，然而我們卻強烈反對這麼做。電視可能會協助孩子入眠，但是也必須付出代價：跟著電視一起入眠的孩子，睡眠障礙（sleep disturbance）的比率增加，睡眠的模式也不規則。不管他們的年齡多大，使用螢幕來協助孩子入眠，我是強烈不推薦的。

◆　◆　◆

迷思：在熟睡的嬰兒身邊使用螢幕是可以的。

事實：在嬰兒身邊使用螢幕的產品，可能對嬰兒有潛在的負面影響，目前所知是沒有任何正面影響，尤其是對於兩歲以下的孩子而言。

孩子會建立強烈的睡眠條件。如果總是使用螢幕跟其他的科技產品來安撫嬰兒或是協助他們入眠的話，孩子很快就習慣了用這樣的方式來入眠，對嬰兒來說，形成這樣的依附關係是不健康的。

我們也知道電視會破壞嬰兒的睡眠，因為聽覺或是視覺的刺激會提早吵醒他們，或是在孩子的睡眠週期間吵醒他們，讓嬰兒很難轉回到原先睡眠的狀態。這也是為什麼有時候要在電視前面讓嬰兒安靜下來是不可能的事。

因為孩子的晝夜節律還沒有發展完全，這也是為什麼他們常常會把白天跟晚上搞混的原因，也是為什麼他們需要在黑暗中建立良好睡眠習慣的原因。當我們在嬰兒身邊使用電視及其他發光的數位產品時，就可能會阻礙他們發展晝夜節律的能力。這種節律大概是在嬰兒六週大的時候就開始發展，而且在三到六個月大的時候，大部分的嬰兒已經有固定的睡眠／清醒的週期。

我不是說我們在嬰兒或者學步兒的身邊時，都不應該看電視或者使用螢幕產品，這不可行、也不必要。在一大早餵孩子、擔心孩子在身邊時我自己睡著，iPhone 是我的精神救星。我當然不會每次都這樣做，但是偶爾在餵嬰兒的時候，看一點點電視、或者是瀏覽一下臉書，對我來講是有幫助的，我不相信這會妨礙我照顧孩子或是與孩子聯繫的能力。

不要苦惱，我不是建議說在我們餵嬰兒或者是安撫嬰兒的時候，有一點點電視當背景對嬰兒是有害的，我們只是要很小心：在我們試著要協助孩子入睡時，打開電視或者平板電腦會讓闃黑的房間亮起來，這就可能會產生反效果。

個案研究

潔西卡的父母親確定每天晚上八點半，孩子就上床睡覺；她大概在早上六點三十分到七點之間會醒來。他們也堅持潔西卡不准使用 Instagram 很長一段時間，但是他們最後還是投降了，因為潔西卡解釋說她再三個月就滿十三歲，可以合法的加入這個軟體。但是當她開始使用這個軟體之後，她的父母親就注意到潔西卡每天醒來都無精打采的，她的老師也注意到潔西卡在學校的專注力有所改變。

潔西卡很自然地在半夜會醒過來上洗手間，然後很快地檢查自己的 Instagram 帳號，看她的最新發文有多少人喜歡或留言。這讓潔西卡處於警覺狀態，也破壞了她的睡眠週期。即使她的睡眠時數（量）還是適當的，卻沒有足夠的睡眠品質，因為她的睡眠週期被打斷了。

一個典型的睡眠週期大概要花九十到一百一十分鐘來完成，包含四個階段的非快速動眼期（non-rapid eye movement, NREM），以及一個快速動眼期（rapid eye movement, REM）。潔西卡在睡眠週期間醒過來，也必須重新開始每個週期，因此她的身體並沒有得到足夠的睡眠週期數量，所以就不能夠表現出必要的角色行為，也因此她會覺得很疲累（像潔西卡一般年紀的孩子們，應該每晚要有四到六次的睡眠週期）。

這正是為什麼如果你有個新生兒，常常會感覺疲累的原因，即便你很幸運每晚能夠有近乎

正常的睡眠時數，但是卻沒有足夠的睡眠週期，因為你的睡眠因為新生兒的到來而被打斷。

可怕的內容

孩子有時會體驗夜驚（夜裡驚嚇醒來）的情況，這可能要歸咎於他們使用螢幕的習慣。夜驚跟夢魘不一樣，夜驚通常是在睡眠剛開始的前兩到三個小時內發生，而夢魘則是在睡眠的下半段時發生，兩者都被視為是孩子發展過程中的正常現象，特別是當孩子學著要分辨什麼是幻想與真實的時候（請看下面內容）。

許多孩子會說，在他們看過不適當的內容之後，會更常有夜驚的現象。如果孩子會擔心他們在電視或電腦遊戲上所看到的情況，夜驚也可能會變得更嚴重。根據嘉里森（Garrison）與克里斯塔奇斯的研究：暴力或者是不適當的節目，也可能會讓孩子更難入睡或維持睡眠狀態，或是有夢魘發生。

我們需要提防的不只是恐怖的電影跟遊戲而已，恐怖影像與事件也普遍出現在新聞或者是電影預告片及廣告宣傳裡。許多的廣告宣傳是不可預測的，而且可能包含一些劇烈

> 夜驚通常是在睡眠剛開始的前兩到三個小時內發生，而夢魘則是在睡眠的下半段時發生。

或讓人困擾的題材，對於那些還沒有學會區辨幻想與真實的年幼孩子（一直到他們大概三到五歲大時）是不合適的。十歲以下的孩子仍然很容易因為看了沒有說明來龍去脈的影像、非常暴力或是災難的影像，而更容易感到極度的恐懼，這也是為什麼跟孩子一起觀賞是很重要的另外一個原因，也是我們必須要留意孩子在螢幕上所看的是什麼樣的內容、或者他們正在從背景的媒體裡面吸收到什麼的原因。

個案研究

二〇一四年雪梨的人質事件發生時，湯姆八歲。他的母親克莉絲汀通常不會看早上的新聞，但是那天早上，當她看到社群媒體上的恐怖情況之後，就決定打開電視，了解那個事件的更多情況。湯姆顯然對於電視上所發生的事不是很感興趣，繼續他早上所做的例行事務。

幾個禮拜之後，有一天晚上，在湯姆就寢之前，他開始問克莉絲汀一些有關那件人質事件的問題。克莉絲汀鼓勵孩子這麼做，經她詢問之後，她了解到湯姆已經受到他所看見的一些二手新聞影片的影響而覺得相當沮喪，雖然這是二手的新聞資料，但是那天早上卻不斷地在電視上重複播放，那些受害者從咖啡廳跑出來的影像，以及槍戰的閃光，都牢牢地印記在湯姆的心裡。

克莉絲汀很震驚，她沒想到湯姆吸收了這麼多的新聞畫面，而且她對孩子為此而覺得困擾卻渾然不覺。事實上，自從看過那些新聞畫面後，湯姆因為備受困擾而一直有夜驚的情況，但是克莉絲汀只是將這些現象視為孩子發展階段中的里程碑，而並未多想。

當緊急狀態與災難發生的新聞在電視上播放的時候，通常因為新聞畫面有限，廣播電台會一直不斷地重播同樣的新聞畫面。對年幼孩子來說，他可能還沒有合理化這些現象的能力，有時候可能會誤認為這是一直重複發生的事件。年幼孩子對於在電視上所看的東西，常常無法思考其來龍去脈，而如果那個威脅看起來迫在眉睫，他們可能會擔心自身的安全。

電磁波的放射

這是假設性的問題，目前無法證明，據稱從智慧手機、平板電腦及其他數位產品所發射出來的電磁波可能會影響孩子的睡眠。現階段仍缺乏研究證明電磁波對孩子睡眠的影響。有一些初步的證據顯示：電磁波對於睡眠中成人的睡眠模式以及腦生理建構有中度的影響，但是目前在文獻上的發現仍然不一致。我們對於電磁波在睡眠上對健康的影響還沒有一個清楚的理解，特別是與孩子的睡眠模式有關的議題。因此我建議父母們對於讓孩子曝露在電磁波的情況要小心，安全的考量總是比事後的遺憾要好（第十一章裡將說明更多關於電磁波的細節）。

打破科技迷思

迷思：嬰兒的監控器會散發危險的電磁波。

事實：一般所使用的嬰兒監控器通常都低於澳洲限制的標準。

數位嬰兒監控器就像其他一般的家用無線產品（如無線網路分享器、無線電話）一樣，會發射電磁波。

科學家們同意，大量的輻射線是危險的，然而少量的輻射對健康的長期影響尚未有大規模的測試，我們不能排除可能的少量危險。因此許多國家，包括澳洲，對於接觸電磁波都建議要格外小心，特別是在孩子身邊。

根據使用者手冊來使用嬰兒的監控器，是不太可能會造成嬰兒的健康問題的，但是如果父母親把天線放在很靠近嬰兒身體處，嬰兒可能就會曝露在接近標準的電磁波強度下。再次說明，目前沒有確實的科學證明顯示，一般家用產品所發射的電磁波會危及健康。但是建議你謹慎地使用，特別是在嬰兒身邊使用時更要注意。

◆ ◆ ◆

迷思：嬰兒監控器可能導致嬰兒猝死症（Sudden Infant Death Syndrome, SIDs）及自閉症。

事實：沒有研究證明顯示嬰兒猝死症或是自閉症與無線的嬰兒監控器有關。

一些媒體聲稱嬰兒監控器與嬰兒猝死症或自閉症無論如何都有關聯，但醫學專家已經駁回這個說法。有些嬰兒監控器廠商宣稱自己的產品可預防嬰兒猝死症，但這些聲明沒有獲得研究的支持。

將科技產品從嬰兒的睡眠慣例中去除

如果科技是孩子睡眠慣例中固定的一部分，這可能就是我們要好好再次思考這個做法的時候了。孩子不可能欣然接受劇烈性的改變，因此很重要的是：要慢慢地循序漸進，將電視（或其他的科技產品）從孩子的睡眠及小憩的慣例中移除。這裡是一些在睡眠或小憩之前，改變使用螢幕習慣的小祕訣：

1. **慢慢地減少在睡覺前使用螢幕的時間：**而不是立刻就禁止使用，可樣可以省掉每個人的眼淚或者是鬧脾氣的機會。
2. **將螢幕時間從小憩及睡眠時間裡移除：**再提醒一次，這要慢慢地進行，在執行改變之前，給孩子足夠的警告。
3. **將其他的變通方式或不需要使用螢幕的活動，帶進孩子的睡眠慣例裡：**找出一個既安靜、孩子也喜歡的替代活動，來填補原本看電視（或者 iPad）的空間。你可以試著唸一本書，或是找時間幫孩子按摩、玩猜謎遊戲或是積木，這可以協助孩子在睡前安靜下來。
4. **讓臥室成為沒有科技產品的區域：**將所有的數位產品移除，不要給孩子甜頭。

本章精華回顧

為了要減少科技對孩子睡眠習慣的影響，可以試試以下的建議：

- **將臥室設定為沒有科技產品的區域**：這是最難做到、但也是最有效的解決方式。這是指在孩子的臥室裡，沒有智慧型手機、平板電腦、遊戲機或是電視。這對成人來講也相當有效！孩子會建立強烈的睡眠條件，因此讓臥室成為休息的場所是很重要的。
- **執行科技宵禁**：在睡覺（包括小憩）前九十分鐘，減少孩子曝露在螢幕前的機會，而且要很清楚地建立與執行不能使用科技產品的時間。記得同時也要將螢幕的光線調暗，拉長孩子跟螢幕之間的距離，也提供一些不需要使用螢幕的活動時間，心理學家喬瑟琳・布魯爾（Joselyn Brewer）稱之為「數位產品落日時間」（digital sunset）。
- **特別規劃出科技產品放置的地點**：規劃一個科技產品可以放置一整個晚上充電或存放的區域，這不僅可以快速地清點數量，而且可以確保所有的科技產品都不在臥室裡。

科技小撇步

避免跟年紀小於十歲的孩子一起看電影院或 DVD 上的一些預告片段。可以在電影放映之前剛好抵達電影院，以及在看 DVD 的時候跳過前面的預告片。

科技小撇步

寧可謹慎過度也不要大意。為了減少嬰兒曝露在嬰兒監控器底下的電磁波，可以拉長嬰兒與監控器之間的距離，而在沒有使用的時候把它關掉。

- **避免在就寢前九十分鐘使用螢幕，或者是減少藍光的曝露量：**也鼓勵孩子至少與行動產品維持四十公分以上的距離。增加孩子早上曬太陽的機會，可以養成健康的睡眠模式並且發展他們的晝夜節律。
- **減少孩子曝露在螢幕前的時間：**如果就寢前九十分鐘不用螢幕產品很難執行的話，就慢慢開始，先從較短的時間做起。減少睡覺前使用螢幕的時間（不管減少的時間有多少），是能夠確保健康睡眠習慣非常有效的策略。
- **避免在小憩之前使用應用程式：**之後也一樣。學步兒的睡眠習慣常常比年紀大的孩子與成人更容易受到影響。
- **監控孩子所觀看的內容：**避免暴力或不適齡的節目（甚至是含有寫實或暴力內容的新聞節目），因為這可能會導致孩子夜驚與夢魘。
- **就寢前避免觀看連珠炮式、快步調的螢幕動作：**這會讓孩子覺得興奮，而延後了睡眠的啟動。因此做一個科技的交換動作，不在睡前玩電動玩具，讓孩子去看一個慢步調的電視節目或是聽聽音樂。

- **建立及維持不使用螢幕的就寢儀式：**每天晚上始終如一地執行這些儀式，尤其是牽涉到使用數位產品時。鼓勵孩子從事一些放鬆的活動、讓他們自己冷靜下來，協助他們準備好要就寢。過了一段時間，這些儀式就會變成習慣，也會讓孩子終生受用。
- **示範健康的睡眠習慣：**以及對睡眠的正向態度。不要將剝奪睡眠視為榮譽的象徵，睡眠是我們需要教導孩子的基本需求。

睡眠是建立孩子整體發展的重要基石。數位產品的普及以及誘惑力可能會顯著地影響孩子的睡眠習慣，這並不表示說我們需要禁止數位產品的使用，然而我們需要教導孩子如何養成健康的科技產品使用習慣，特別是談到睡眠議題的時候。這個過程並不難，但是的確需要刻意的選擇與堅持。

下一章將會檢視孩子發展的第四個基石——遊戲。

第6章 基石四：遊戲

我們需要將網路遊戲視為另一種孩子可以遊戲的方式，它是一種有效的遊戲模式。

大部分的孩子天生渴望要玩遊戲，而這正是孩子發展中的腦部與身體所需要的。對年幼孩子來說，遊戲是有機體（譯注：如人類）學習的方式，同時可協助他們發展本書中所提到的其他基石：關係、語言、動作以及執行功能技巧。

研究證實：遊戲建立了孩子社交、認知、情緒以及身體的技巧。有一個研究針對三組孩子，從學前（四歲）一直追蹤到他們五、六年級，檢視三組不同的學齡前模式對後來學業成就的影響。這個研究發現：到了小學六年級，那些學前經驗是以學術為導向的孩子，他們的成績明顯低於參加兒童自發性的學前課程的那些孩子。這個研究的作者們提出：孩子後來的學業成就，可能因為他們主動、自發的早期學習經驗而更進步。

有個普遍被接受的觀念，特別是那些兒童早期的教育家們，他們認為遊戲對孩子的發展是非常關鍵的。但是也有越來越多人關心現代孩子的遊戲模式已然改變，部分原因是拜科技之賜。教育者與健康專家們很擔心：減少遊戲機會對年幼孩子的學習與發展正產生負面的影響。

我們的孩子玩夠了嗎？

如下圖所示。研究證實：我們許多人都會哀嘆道，現在的孩子已經較少將時間花在一些無結構式遊戲（unstructured play，編按：無父母、師長等人帶領或提供指示，由孩子自己發揮創意的遊戲）與戶外遊戲上了。一個二〇〇六年發表在《美國醫學協會期刊》（*The Journal of the American Medical Association*）上的研究顯示：從一九七〇年代後期開始，孩子自由以及無結構的遊戲已經有慢慢下降的趨勢，現代的孩子比幾個世代之前的孩子，在戶外冒險的機會顯然少了許多。

為什麼我們的孩子不玩了？

有許多的因素結合在一起，威脅到孩子的玩耍。花在螢幕上的時間通常被認為是需要譴責的唯一因素，因為它改變了孩子的遊戲模式。但這並不是孩子遊戲活動改變的唯一原因，還有其他更多的社會因素結合起來，才減少了孩子遊戲的機會。

體能活動指引

年幼孩子需要每天累積六十分鐘
中度到劇烈程度的體能活動

遵守體能活動指引、但是卻不
遵照螢幕使用時間建議的孩子，
則更可能健康不佳

年幼孩子每天花在螢幕媒體上的
時間不應該超過兩小時

孩子在使用科技產品的時候，
會吃更多高卡路里、不營養的食物

如果孩子不遵照體能活動指引，
會增加三到四倍肥胖的可能性

孩子每年會接觸超過四萬個廣告，
而裡面許多是不健康飲食的廣告

忙碌兒童現象

我們今天處在這個狂亂的世界，對孩子來說有快速成長的壓力。「忙碌兒童現象」（the hurried child phenomenon）是由心理學家大衛・艾肯博士（Dr. David Elkind）在他的書《蕭瑟的童顏：揠苗助長的危機》（*The Hurried Child*，正體中文版由和英文化出版）裡面所提到的一個名詞，形容有些父母親是怎麼試圖加速孩子的成長，以不必要的速度逼迫他們在發展的軌道上衝刺，這也造成了孩子在課程安排上行程爆滿，以及敦促孩子提升學業成就（通常是在年紀很小的時候），而所付出的代價就是把更多孩子適齡的發展活動（像是遊戲跟體能活動）給犧牲了。

有些父母親會誇耀他們的孩子在幾歲的時候就學會走路、讀一本書或彈奏樂器，我們總是會遇到一兩個那種媽媽！有些父母親試圖要加速孩子的成長，讓孩子贏在起跑點，卻高估了孩子的能力，讓孩子在很小的年紀就承受學業上的壓力。

> 我們事實上需要教導孩子如何放慢腳步。

然而，我們事實上需要教導孩子如何放慢腳步。我們將年幼的孩子制約，讓他們生活在一個瘋狂的世界裡面。**我們是在一個持續運作、將忙碌當成勳章一樣的瘋狂世界裡養育我們的孩子，孩子也接受了這種瘋狂的生活型態，**而這對他們的發展來說並不理想。童年是非常珍貴的時期，孩子不需要急著做些什麼。我們需要放慢腳步，而且享受童年。在他們一生的階段裡，童年是很短暫的一段時間。

行程爆滿的童年

許多孩子通常從年紀很小的時候，就開始加入一些有組織的活動與課程。身為現代父母親，我們承受越來越大的壓力，要讓孩子去學習藝術、音樂或戲劇的課程或運動項目。根據澳洲活躍健康兒童（Active Healthy Kids Australia）的兒童與青年體能活動成績單（Report Card on Physical Activity for Children and Young People），這些安排緊湊的時間表取代了孩子無結構遊戲的機會。

打破科技迷思

迷思：孩子比以前花更少的時間在有組織的運動項目上，因為已經被使用螢幕的時間所取代了。

事實：研究顯示澳洲的孩子比以往從事更多的運動，但是很嘲諷的是，他們的體力活動卻比以前還要少。

一個澳洲針對孩子體能活動水準的報導證實：孩子比以往花更多的時間參與有

組織的運動項目，也花更多的時間在螢幕的產品上，取代了他們遊戲的機會，也已經沒有跟朋友一起玩與探索的時間了。

現代的家庭發現：要在結構式的體育活動及無結構式的遊戲時間之間維持平衡，是很困難的事。以往，孩子會花時間在結構性的活動上，除此之外，也會從事一些需要耗費體力的活動，像是與朋友互相追逐、在公園裡或是在庭院裡玩耍，而現在螢幕媒體已經取代了這些時間。

棉花（過度保護的）兒童

在以前的世代裡，孩子每週會花好幾個小時的時間，在自家後院與住家附近探索，沒有大人的監控，也沒有嚴格的時間限制。今天可就不是那麼一回事了：我們會限制孩子自由玩耍的機會。

父母親、教育者與照顧者，有越來越多的壓力去限制孩子從事一些傳統的遊戲，因為擔心孩子受傷的相關訴訟問題。只要是談到年幼孩子以及遊戲的機會，就必須要提心吊膽。更極端的案例是，有些學校甚至會禁止或減少孩子在下課時間遊戲的機會，藉此減低孩子在操場受傷的可能性。

孩子需要有自由玩耍的機會，才能夠學會去冒險、建立自信與韌力、克服失敗、因應害怕與不確定性，如果他們的遊戲經驗被刪減的話，孩子就不能夠發展這些關鍵的生活技能，這就是為什麼電腦遊戲「我的世界」（Minecraft）這麼受到年輕孩子歡迎的一個原因。他們可以在網路上漫遊、創造且試驗新的想法，而不需要父母在附近監控與限制。孩子實際上在數位的環境下漫遊，測試自己的能力並解決問題。現在數位時代的孩子，嚮往這種不受監控、可以去探索及創造的自由，「我的世界」就提供了許多孩子這樣的機會。

直升機父母

對於兒童的人身安全，存在著被誤導的親職恐懼與感知風險（perceived risk），已經造成了一些家長限制孩子自由遊戲的機會。而因為這些錯誤的資訊及害怕孩子被誘拐或受傷，有些父母親已經爬上直升機駕駛座的位置。慢慢地，我們有些人就會限制孩子，讓他們在室內從事結構式的、受監督的一些活動。

個案研究

茱莉亞是一位早期兒童教育專家，她將自己視為是「毛毛蟲家長」，她解釋說：「就像毛毛蟲需要用自己的力量破繭而出，才能蛻變成蝴蝶，我們的孩子也是一樣。身為人類，如果我們干涉了毛毛蟲蛻變的過程或加以協助的話，毛毛蟲就會死亡。而我認為如果我們總是干預、或在孩子身邊徘徊監控以及限制他們所做的事情，我們就是在傷害孩子的發展。在掙扎之中，自然會有學習與成長！

他們的失敗與挫折，會塑造他們的性格、韌力與因應的機制，比身為父母或者是老師可以灌輸的任何一門課程還要更好。我會干預，但只是在有嚴重受傷危險可能性的時候，或者是孩子在一種驚慌失措的情況下，除此之外，我會讓我的毛毛蟲自己去思考要怎麼解決。」

課業壓力

我們也目睹了一種學業上令人毛骨悚然的情況：以往適合幼稚園甚至國小一年級的課程學習目標，現在卻向下延伸到學前階段的孩子。父母親與教育者常常提到，為了要提升孩子的學習，他們也感受到越來越多的壓力。

很諷刺的是，實質上這對孩子的學習沒有傳導的效果。事實上，在一九九七與二〇〇二年發表的兩個長期研究，檢視了不同學前教育的課程模式對孩子接下來課業表現的影響。在兩項研究中發現：接受以遊戲為基礎、孩子自我主導的學前教育的孩子，表現得比那些參與更多正式學術課程的同儕要好。

身為父母親，我們也在壓力下購買一些兼具教育與娛樂的產品，就如同在先前第四章所揭露的，嬰兒媒體與教育產品的整個市場，都以促進學習做偽裝來行銷給父母親。

孩子需要多少遊戲？

孩子每天需要一個小時進行無結構、開放式的遊戲，他們需要時間讓自己輕鬆、鬆懈下來，每天參與一些有創意、無結構的遊戲。無結構的遊戲並不算在體力活動的時間之內。

大部分一到五歲的孩子，一天需要三個小時左右的輕中度或是劇烈的運動，而大部分五到十二歲的孩子，每天需要一個小時中等到劇烈程度的運動。孩子每週至少需要有一個下午的時間，不參與結構式的活動或課程。

科技如何協助與支持孩子的遊戲

數位遊戲機會有時指的是網路遊戲，對於父母親及教育者來說，是相當新穎的。當孩子像成人一樣玩網路遊戲時，我們常常必須假設他們是新手、而不是專家。我們通常需要跟孩子一起學習如何打電動玩具或是使用應用程式，而我們又不一定能夠主導他們的遊戲。因此我們的天性就是會煩惱與擔心：網路遊戲的經驗會對孩子的發展有不良影響。

我們常常覺得自己應該要鼓勵孩子去從事更多傳統的遊戲，那些是我們覺得很自在與熟悉的——到外面去玩、爬樹、騎腳踏車。這些與我們童年類似的重要元素，對我們的

> **我們也要將網路遊戲視為另外一種孩子可以玩的遊戲。**

孩子來說仍然是很關鍵的經驗。

但是我們也要將網路遊戲視為另外一種孩子可以玩的遊戲，它是一種有效的遊戲方式。當然我們不要讓網路遊戲妨礙了孩子參與更多傳統遊戲的機會，這是很重要的，但是經過仔細設計的科技遊戲，可以支持及促進孩子的遊戲機會。

以科技為基礎的正向遊戲經驗包括：

- 使用科技玩具
- 玩電動遊戲
- 拓展探索的機會
- 參與互動的遊戲
- 拓展孩子的社交技能
- 進行螢幕之外的延伸遊戲

使用科技玩具

翻翻最新的玩具目錄，就會知道有那麼多可以買到的科技玩具（靠電池運轉的數位玩具），有熊掌上握著手機的泰迪熊、專為嬰兒設計的平板電腦及智慧手機，還有為學前孩童所設計的聲控娃娃。

如果仔細選擇的話，科技玩具可以提供許多的好處給孩子。舉例來說，有些玩具有錄音的功能，可以鼓勵孩子說話；其他的科技玩具會回應孩子輸入的訊息，相對地可以鼓勵孩子做批判性思考（例如互動式地圖玩具）；有些科技玩具可以提供新的遊戲機會（像是探索人體結構的互動式應用程式）。

我們需要確保數位玩具不會取代其他有價值的類似玩具。在玩具箱內需要有空間來容納傳統與科技玩具。孩子需要不一樣的玩具來達成他們最佳的發展。

父母需要為年幼孩子尋找什麼品質的玩具？

不管孩子是在使用傳統或者是數位的玩具，我們都需要找出哪些玩具可以鼓勵孩子思考、探索、操弄與使用語言。科技玩具因為是事先設計好的，有時侯會限制了遊戲的經驗（請看這章有關科技玩具的潛在負面影響部分）。

蘇珊・林恩（Susan Linn）建議運用以下簡單的公式，來為年幼的孩子選擇玩具：

理想的玩具＝百分之九十孩子主導＋百分之十玩具主導

我們要孩子去思考、而且跟玩具互動，我們不要玩具為我們的孩子做所有困難的工作，去找那些可以提升思考技巧、問題解決或者是有互動功能的玩具。

玩電動遊戲

有越來越多的研究支持電腦遊戲在教育上的使用。教育研究者與教育者認為：電動玩具是相當可行的學習工具，甚至研究者也在檢視教育遊戲化的情況。阿達其（Adachi）、威洛比（Willoughby）、堅提爾（Gentile）和其他研究者所發表的研究，已經顯示了遊戲與認知、動機、社交與情緒的發展有正相關，也證明電動玩具可以增進孩子的視覺處理技能、空間推理、注意力、視覺覺察、問題解決以及計畫的能力。

父母親在知道孩子花在遊戲上的時間不是白費時，往往會鬆了一口氣。只要孩子在玩適合年齡的遊戲，而且所用時間適當，他們就能夠從這個經驗中獲得好處。

然而，也有一些與遊戲有關的負面影響，包括上癮、沮喪與攻擊，特別是男孩子較容易受到遊戲的一些負面影響，尤其是與暴力、攻擊有關的。精緻而逼真的生動畫面，以及容易接觸到與性或暴力有關的內容，意味著父母親必須特別警覺孩子的電動遊戲內容。這也是數位產品需要在家裡大家都看得見的地方使用的另外一個原因，也是與孩子一同觀賞非常重要的緣由。

有越來越多的研究支持電腦遊戲在教育上的使用。

小心管理之下，讓「我的世界」發揮正向影響力的一些小祕訣

「我的世界」（Minecraft）是一個廣受全世界數百萬孩子喜愛的數位積木遊戲。它是一個迷人的網路世界，使用者可以在一個有不同棲息地與地形的數位世界裡，建立（打造）3D的積木世界。就像一個身歷其境的經驗，使用者需要收集一些材料與使用工具來求生。不像其他許多的電腦遊戲，「我的世界」只有相當簡單的圖形，而且沒有級數的限制，它基本上是一個永不結束的遊戲。

正當許多孩子著迷於「我的世界」時，丹若尼（Dezuanni）、歐麥拉（O'Mara）與畢維斯（Beavis）等人的研究也發現「我的世界」有教育的益處。身為父母親，當我們知道如果小心管理「我的世界」，可以對孩子的學習有益，的確會放心許多。

在玩「我的世界」時，孩子會運用複雜的問題解決技巧，使用高級的計算概念，而且發展很多其他的學術技巧。教育學者與研究者目前都還在探索「我的世界」的教育潛能，也看到了它對學習的正面效果。

拓展探索的機會

孩子在他們的遊戲時間，增加了數位產品使用的機會，這些可以協助他們拓展及學習更多有關他們身處的世界。他們可以使用互動式地球儀來探索遙遠的國度，可以學習及使用外國語言、到外太空旅行、踏入人體結構、航行七大洋與南極洲——這些都只要坐在房間裡使用觸控螢幕的設計就可達成。科技可以開啟一個嶄新的遊戲機會。

事實上，在以往沒有科技之前，這裡的有些遊戲機會是很難想像的。舉例來說，介紹人體構造的傳統書籍與互動式的應用程式是不能比擬的，互動式的應用程式讓孩子自己去探索，用親身參與、提供豐富資訊、動態的方式讓孩子學習。這些經驗現在已經成為孩子每日遊戲中的一部分。

我們需要找的應用程式、網站與遊戲，是要可以提供年幼孩子特殊經驗、探索有關他們自己以及其所生存的世界。**我們要避免（或者是盡量少用）只是將現有玩具、書和遊戲改成數位版的科技，而是要去找尋具有附加價值或提供特殊學習和遊戲方式的數位產品。**當數位產品展現新的遊戲機會時，科技才真正讓人振奮。

這裡是一些可以拓展孩子遊戲機會的嶄新科技的重要例子：

- **人體結構（The Human Body）**：這是很棒的應用程式，可以讓孩子去探索人體內的不同系統。

尋找應用程式的祕訣

要在熱門的應用程式店鋪裡面找到一個特定的應用程式並不容易，特別是研發者在為應用程式命名時，使用了較少見的英文大寫或空格——這些應用程式店鋪基本上不是非常好的資料庫。要找到一個特定的應用程式，我建議大家用 Google 來搜尋應用程式的名字，並加上「and app」的字樣，不要直接到應用程式的店鋪裡面去找。Google 搜尋所顯示的前幾項結果，通常就能讓你直接連結到應用程式店鋪，就可以下載了。

- **托卡美髮沙龍（Toca Hair Salon）**：這是一個相當聰明的擴增實境應用程式，可以讓孩子扮演美髮師，而且不需要冒剪壞頭髮的風險。孩子可以插入一張自己（或者父母親和手足）的相片，然後使用一堆工具來創造精緻的髮型與設計。
- **快樂極速油門（Happi Full Throttle）**：這是一個可以讓平板電腦變成交通工具儀表板的應用程式，可選擇的交通工具包括消防車與潛水艇。這個應用程式利用平板電腦內建的照相機，讓孩子可以假裝自己是在交通工具裡操作儀表板。
- **行動北極圈（Portable North Pole）**：有網路與應用程式，讓父母親從聖誕老人那裡製作個人化的訊息，寄給孩子。訊息裡面可以貼上一些孩子或重要事件的照片。

打破科技迷思

迷思：應用程式會扼殺孩子的創造力。

事實：有些應用程式可能會傷害孩子的創造力，有些則會培養創造力，真的是要看應用程式如何設計，以及孩子如何使用來決定。

父母與教育學者常常會擔心使用觸控螢幕的科技產品，會阻礙了孩子的創造力。應用程式的設計會決定孩子學習什麼或如何學習。

這裡有兩大類應用程式：

消費型的應用程式	創意的應用程式
包括手寫、拼字、乘法表、自然發音的應用程式、YouTube	包括畫圖、藝術、音樂、製作電影、動畫、創作數位書籍的應用程式
培養低層次的思考技巧	培養高層次的思考技能
點擊、輕敲，直到正確的或預設的答案被選出來為止	讓孩子創造他們自己的數位內容
孩子消費已經設計好的內容	孩子是站在一個主動的角色
孩子處於被動的角色	

理想的情況下，我們會希望孩子花較多時間玩創意的應用程式，花較少時間在消費型的應用程式上（我們不需要完全地禁止它們，但是我們應該盡量少用）。如果我們提供孩子使用創意應用程式的機會（偶爾使用一些消費型的應用程式），就更可能培養他們的想像技能。

參與互動式遊戲

現在，讓孩子擁有真正互動的科技經驗是可能的（比在單純敲打螢幕或從答案選單中選擇正確的答案要更好）。一些原創性的互動遊戲體驗包括：

- **奧斯蒙（Osmo）**：孩子可以在平板電腦前面操作真實的七巧板，透過安裝在平版上的鏡子，可以把資料輸送到應用程式，然後產生回饋。舉例來說，在玩「奧斯蒙七巧板」（Tangram for Osmo）的時候，如果放了一塊不正確的七巧板，應用程式會閃燈提示孩子，然後示範如何正確擺放七巧板；如果使用者擺對了位置，它也會提供回饋。
- **小小創造家（Make it Kids）**：孩子可以創作及分享他們自己的互動遊戲與活動。這個應用程式有互動式的目錄、繪畫、記憶、關係及小測驗，還有讓孩子可以取用的一系列內容材料庫（有聲音與影像），或者孩子也可以選擇自己要的內容。

如果需要參考一些應用程式的評論，並且及時了解最新的產品，以下這些是父母親很重要的資源：

- **常識媒體（Common Sense Media，有網站與應用程式）**：https://www.commonsensemedia.org/
- **兒童科技評論（Children's Technology Review，網站）**：http://childrenstech.com/
- **Kapi 獎（Kapi Award，網站）**：http://kapiawards.com/

當然，我們要注意科技產品不會主導遊戲。我們仍然要孩子（而不是那個產品）來掌控遊戲（記得百分之九十跟百分之十的原則）。**我們要孩子在使用這些科技產品的時候，能夠去思考、參與與學習。**

我們不要孩子的遊戲純粹只是靠科技的設計來決定，或只限於純粹觀賞玩具，或是偶爾照著玩具的要求敲敲打打的膚淺互動。

> 孩子可以創意地使用媒體，將它當作遊戲的一個跳板。

拓展孩子的社交技能

許多網路遊戲活動需要多名的使用者一起進行。使用螢幕的時間常常被批評為增進社交孤立時，網路遊戲的經驗卻可能正好相反。即便像是平板電腦這類被認為是提倡獨自遊戲的裝置，孩子也很少是自己使用。這種「一起玩」的方式，對孩子的語言及社交技巧來說，是很聰明的設計。因此可能的話，鼓勵孩子跟別人一起玩網路遊戲。

螢幕之外的延伸遊戲

科技可以是刺激孩子玩耍的一個很棒方式。這麼多年以來，我們已經看到孩子們會自己上演熱門電視節目與電影裡面的情景，而且會在他們的遊戲經驗裡面模仿卡通人物。這些熟悉的場景與人物，提供孩子參與社會劇及假扮遊戲所需要的語言技巧。在二〇〇七、二〇〇九與二〇一二年所發表的研究都證實了：孩子現在的遊戲模式正由他們周圍的螢幕媒體所塑造，而不一定是被取代，孩子可以創意地使用媒體，將它當作遊戲的一個跳板。

科技如何妨礙孩子的遊戲？

如果沒有小心選擇科技產品、使用不當或是過度使用，事實上就可能會影響孩子的遊戲經驗。科技會藉由以下方式來妨礙遊戲經驗：

- 害怕科技玩具
- 限制遊戲
- 取代無結構的遊戲
- 將童年商品化
- 產生大自然缺失症（nature deficit disorder）
- 害怕隱私權被侵犯

害怕科技玩具

有一個假設是說，科技玩具很精緻、而且事先就設定好一些反應，這些比傳統的玩具更優良。我們周遭的行銷手法宣稱：許多科技玩具會提供教育的益處，以及讓孩子贏在起跑點上。

然而，研究顯示：嬰兒並不需要從科技玩具裡獲得任何好處。一個在二〇一五年發表的研究發現：與傳統玩具或是書籍比較起來，電子玩具與越來越少的語言輸入的質與量有關。在第四章裡面提到，語言的發展對年幼孩子的整體發展是非常關鍵的，因此不應該鼓勵嬰兒玩電子玩具。

個案研究

蒙妮卡十個月大的女兒艾拉一直在抓她的智慧手機，在大部分的情況下，艾拉只是想要把手機放在嘴裡咬，或者是看看圖片而已。蒙妮卡不想讓艾拉損壞她的手機（因為她很會流口水），也不想要孩子接觸鎳製品，因此她決定要給艾拉買一支塑膠的智慧手機（諷刺的是，這些塑膠製品裡的化學物質也會危害健康）。

蒙妮卡很驚訝地看到包裝上面所寫的一段話，這個產品宣稱說這個塑膠的智慧手機，是為六到三十六個月大的孩子所設計，會教孩子一些數字、算數以及打招呼的方式，這些宣稱讓蒙妮卡覺得很焦慮：她十個月大的女兒真的需要開始學這些學術上的概念，像是數字嗎？（不，這不是發展上對十個月大的嬰兒的適齡期待。）另一方面，如果她的小寶貝不使用科技玩具的話，蒙妮卡很擔心艾拉可能會比不上她的同儕。這是現代父母親的兩難問題。

限制遊戲

孩子使用的科技產品設計，決定它要支持什麼樣的遊戲。考慮一下孩子在玩電動玩具或是「練習與操作」（drill-and-practice）的應用程式的情況，和他們在玩積木、娃娃或卡車的情況相比，孩子玩傳統的玩具時，會運用想像力，這需要孩子的投入。玩嚴格控管的「練習與操作」應用程式或是電動遊戲時（再一次強調，這是要看應用程式或者是電動玩具的設計而定），科技產品可能會限制孩子能做的事情，可能對孩子的學習和遊戲設了上限。

這種遊戲通常是預先設定好的，因此玩法是由遊戲設計者決定，而不是孩子做主。有些科技產品（不是所有的）有預先設定的答案以及所需要輸入的資訊，並不像傳統玩具那樣，孩子可以對玩具發揮最大的影響力，同時主導遊戲的經驗。

同時也有人擔心，一些使用電池的玩具以及廣告人物可能會限制孩子的遊戲機會。當孩子想要模仿電視劇中或螢幕上的動作時，我們會擔心廣告人物可能會決定孩子玩什麼遊戲、該怎麼玩，限制了他們的遊戲經驗。然而，受歡迎的媒體人物也可能會成為孩子創意遊戲中的要角，啟動他們的創意遊戲。

取代無結構的遊戲

如果媒體或螢幕產品總是主導孩子的遊戲經驗，那麼這可能會阻礙孩子的創意與想像力。有人擔心使用螢幕產品與「忙碌兒童現象」正在侵蝕無結構式遊戲。如果我們一直使用數位產品來安撫孩子或排遣孩子的無聊，那麼現代的孩子不知道如何運用無結構的時間，就一點也不意外了！

個案研究

瑪莉安娜是一位已服務三十二年的資深教師，特別在過去五年期間，她目睹孩子遊戲模式的劇烈轉變。瑪莉安娜解釋說：「我很擔心下雨天的時候在學校督導孩子的活動。以往孩子知道如何娛樂自己，下雨的時候，他們會自己研發遊戲，他們會用厚紙箱，把厚紙箱變成另外一個東西。最近以來，這些孩子就只會哀號跟抱怨，如果我給他們一些厚紙箱與一條毯子，他們壓根兒不知道要做什麼。他們不知道要如何娛樂自己，他們會苦苦地哀求說要在互動白板上看電影，要求玩電腦或是 iPad。孩子沒有螢幕產品的話，就是不知道如何娛樂自己！這真是令人相當難過的事！」

瑪莉安娜的故事獲得全澳洲教育者的迴響。教師們越來越擔心年幼的孩子會過度依賴數位產品，作為他們娛樂以及休閒之所需。

很重要的是：我們要保留無結構遊戲的機會給孩子。孩子需要去體驗無聊，事實上，這是我們可以給孩子最棒的禮物之一，正是經由這種空閒的時刻，孩子會發現自己獨處與思考是多麼有收穫！

不管孩子怎麼玩，他們都不需要一直綁在數位產品上來娛樂自己。對他們來說，關機是可以的（事實上，對他們的腦部發展很重要）。對他們來說，無聊也是可以的，我們不替他們填滿所有的時間也是可以的，我們不要孩子成為精通數位產品的奴隸。

童年商品化

也有一些對科技遊戲的擔心，包括：

- **會造成不健康的刻板印象：**像是公主跟超級英雄。
- **太過商品化：**會因為壓力而去購買熱門電影、電動遊戲和應用程式的周邊玩具或用具。

⚡**需要考慮到機會成本：**如果孩子的遊戲總是被媒體的一些人物所主導的話，他們會錯失哪些遊戲經驗？

再次提醒：這就是為什麼平衡是很重要的，也就是為什麼孩子在使用科技產品時，我們需要擔任積極主動角色的原因。

大自然缺失症

《失去山林的孩子》（*Last Child in the Woods*，正體中文版由野人文化出版）一書的作者理查・洛夫（Richard Louv）點出，許多孩子會比較喜歡待在室內，而不愛到戶外玩耍，因為他們已經習慣了在室內遊戲。他使用了「大自然缺失症」（nature deficit disorder）這個名詞，來解釋孩子與自然之間脫節的情況。洛夫從他的研究裡面得到的一個結論是：今天受到數位產品包圍的孩子，需要直接接觸大自然，才能健康成長。

製片人大衛・龐德（David Bond）在他的《野物計畫》（*Project Wild Thing*）影片裡也解釋說：孩子依賴數位產品的情況，已經塑造了他們的童年，而其所付出的代價就是犧牲了與大自然接觸的時間。為了要彌補這樣的情況，龐德指派自己為「大自然行銷專家」（Marketing Expert for Nature），在一位行銷與戶外專家的協助下，展開了一個全國性的計畫，要讓全英國的孩子在戶外使用自由又美妙的產品：大自然！

戶外活動對於身體與情緒的發展是非常重要的，對於提升睡眠品質也很重要。因為接觸自然光，特別是每天一早起來的第一件事，能讓我們的身體調節血清素的產生，血清素會讓我們的心情開朗，也協助孩子覺得平靜及專注。我們需要確保年幼孩子的數位產品使用習慣，不會影響到他們參與以及在大自然裡面遊戲的機會。

如何平衡孩子與大自然接觸與使用螢幕的時間？

戶外時間對於最佳的腦部功能是很重要的，但是許多孩子把自己的空閒時間都花在緊盯螢幕而不是仰望天空。如果孩子一直跟數位產品分不開，他們的腦部就不會有停下來的時間，也就沒辦法休息。孩子需要空白的空間讓腦袋可以漫遊、處理資訊，也需要有創意表達的機會，但是如果孩子持續在處理螢幕上所看到的資訊，就不能夠做到這些。我們需要教導孩子如何拔掉數位產品插頭，而且回到現實生活中來（這種慢步調的生活是大自然所天然提供的）。

數位世界下成長的孩子也需要不使用科技產品的休閒時間，讓他們自己沉浸在大自然的懷抱裡。孩子在家或在學校使用科技產品之後，我們需要鼓勵他們去跟大自然接觸。大腦被螢幕動作不斷刺激之後，花時間與大自然接觸，會讓大腦重新校準而且平靜下來。

花時間與大自然接觸，也會讓大腦的前額葉皮質（也就是大腦從事執行功能或高階思考的部分）暫時休息一下（見第九章有更詳細的說明）。當前額葉皮質休息的時候，潛意識就開始工作，這被稱之為「心智漫遊」（mind wandering），能讓新的想法如泉水般湧出。

花在大自然的時間也會協助大腦釋放多巴胺，這是一種讓我們感覺良好的腦神經傳導物質，散個步、跑一跑、跳跳蹦床，可能是對思考與創意最好的醞釀時段，而這也是為什麼身為成人的我們，常常會在洗澡或是聽音樂和運動時，能夠想出最好的點子，我們的前額葉皮質關閉了，而我們的腦袋開始釋放多巴胺。

害怕隱私權被侵犯

聲音辨識軟體的進展，已經讓新的數位玩具陸續出現在兒童玩具商品架上。舉例來說，玩具製造商美泰兒（Mattel）推出一個智慧娃娃叫「哈囉芭比」（Hello Barbie），可以經由聲音辨識的科技跟兒童對話（還可以錄下孩子在自己房間裡的對話並且存檔！）。這個娃娃的操作原理類似蘋果公司的 Siri，只需要按一個按鈕，娃娃就能了解孩子所說的話，並且回應。倡導隱私權的人士擔心這樣商品可能產生的危險性，因為它可以錄下私人對話，而機密資料可能會被第三者用來針對孩子做廣告。

孩子若使用具網路功能的科技玩具，可能會將一些敏感或是隱私的資訊洩露出去，無法保證這些資料是安全的（即便已有最好的保全系統）。因此當你在設定這些玩具時，一定要很小心你分享了哪些資訊。

涉及兒童玩具與科技公司的重大安全漏洞已經越來越普遍。他們可能會造成一些損害，像是會危及個人帳戶，或是孩子的聊天記錄、照片、姓名、生日以及安全疑慮的資料，都可能會在網路上洩漏。

有網路配備的玩具，除了有資料安全的風險之外，還要擔心行銷人士取用孩子的資料。有越來越多不同的行動科技產品，結合了精密的科技，讓行銷業者更容易直接取得孩子的資料，充分了解孩子的興趣。從孩子螢幕活動所蒐集到的所有資料，有時候會送到第三者（如廣告商）那裡，被用來針對孩子進行廣告宣傳。

還要擔心以孩子為目標的剝削行銷伎倆，這些伎倆損害了家長的價值觀及孩子的隱私權。此外，有些特別設計來保護孩子不受市場影響的機構與政策，已經跟不上孩子所使用的超大量科技產品，特別是行動式的產品與遊戲機。

> 主要涉及安全漏洞的孩童玩具與科技公司，現在已經越來越普遍了。

本章精華回顧

如何鼓勵數位時代的孩子玩遊戲？

- **鼓勵他們平衡遊戲方式：**孩子需要傳統玩具，也需要科技玩具，他們需要完整的遊戲經驗，包括平衡花在室內虛擬世界產品以及在真實世界、與真人互動和遊戲的時間。
- **評估行銷與廣告宣稱：**特別是宣稱其產品和設計具有教育性質的部分。
- **每天將無結構性遊戲列為優先：**無結構性的遊戲不是浪費時間，它對孩子的發展非常關鍵。
- **聚焦在孩子而非玩具上：**不管是數位或是傳統的玩具，孩子都需要有主導與控制遊戲的經驗。在購買玩具時，要謹記百分之九十及百分之十的原則。
- **提供各式各樣的遊戲經驗：**孩子需要有機會做想像與體能的活動。
- **優先考慮大自然時間（甚至在下雨天）：**提供、也排好行程，讓孩子有機會做戶外遊戲。
- **讓孩子體驗無聊：**這是我們可以給他們最好的經驗之一。空白的時間可以讓孩子用創意的方式去探索與學習。
- **小心你（與孩子）在網路上所透露的訊息：**有網路備配的玩具，會對孩子的隱私權造成嚴重的威脅。在讓孩子使用這些玩具之前，要仔細思考，而且也要考慮你要在網路上透露哪些個人訊息。

身為忙碌的父母親，我們常常害怕生活的步調緩慢下來，也害怕提供機會讓孩子從事一些無結構的戶外遊戲。我們也有一些不合時宜的恐懼，擔心如果沒有提早讓孩子學習一些學術技巧、參加結構式的活動或使用數位產品的話，我們的孩子會落後給同儕。

這並不是孩子成長茁壯所真正需要的，他們需要有玩耍的機會。無結構式的戶外遊戲是非常重要的，它的必要性在於：我們重視遊戲的價值，也教導孩子這麼做，即便是在數位時代也是如此！

與遊戲最相關的就是身體的活動。下一章會探索為什麼身體活動（第五個孩子發展的基石）對孩子相當重要，而科技是以怎樣的方式塑造孩子的體能活動。

第7章 基石五：身體活動

在這個越來越需要久坐的世界，我們需要鼓勵孩子從事以及參與體能活動。

孩子的螢幕習慣已經影響到他們體能活動的程度。這一章將會強調孩子為達到最佳發展所必須熟練的一些關鍵體能活動技能，以及他們的螢幕時間如何妨礙了這個過程。這一章也會強調有哪些可能的方式，可將科技用在健康又有益的途徑上，來協助與提升孩子的體能活動。

體能活動以及腦部的發展

身體的活動對孩子的腦部發展以及他們的整體福祉絕對重要是眾所皆知的。的確，腦部的建構從感覺與動作區域開始，這兩個區域位於大腦的後半部。

後腦是大腦最原始的部位，在人類演化的早期就已經發展了，而且是大腦控制身體反應的部分，對於人類生存很重要。大腦的下一個發展，是與前額葉皮質有關，前額葉皮質位於腦的前半部，是發展如衝動控制等執行功能技巧的部位（見第九章有更詳細的說明）。

體能活動事實上能建立神經路徑（腦部的連結）。簡單的事情像是爬行、翻滾、晃動、搖擺及跳躍，都有助於腦部結構的發展，也是後來正式學術學習所需要的。

的確，孩子早期的身體與感知經驗，確實塑造了他們的腦部。體能活動與認知發展是如此複雜地連結在一起，這實在令人驚訝。之前在第二章的一個案例裡就說明了：一個孩子沒有花足夠的時間去翻滾、搖擺與翻跟斗，通常不會發展出很好的平衡感（前庭系統發展不足），這會讓孩子很難好好的坐在地板以及教室的椅子上。

當孩子從事體能活動時，他們的感官會更敏銳，而他們的腦袋就會編碼與記錄這些資訊，過了一段時間，這些累積的經驗會讓腦細胞互相聯繫、彼此連結（突觸連結），協助孩子了解這個世界，以及他們可以在世界中如何運作。這就是學習的開始。

一旦這些基本的活動技巧以及感知的資訊都變得自動化了，它就會活絡腦部，從事更高層次的思考任務。

久坐不動的童年

令人難過的是，現在許多孩子已經形成一種久坐的生活模式，可能會造成健康的問題。不能否認的是：過度使用螢幕的時間是需要被譴責的，至少負有部分的責任。當孩子使

遊樂場的設計也要修正，因為害怕由意外而來的法律訴訟。

用螢幕的時候，會產生一種「替代效果」（displacement effect），玩電動玩具、看電視或是使用 iPad 取代了體能活動，像是跑步、爬山、爬行或是翻滾，就會造成更不活躍的生活型態。

使用螢幕時間的增加，當然是造成孩子體能活動越來越下降的因素，但它不是唯一的罪犯，有其他的原因讓孩子體能活動下降。

孩子能夠移動及探索的機會，被以下的方式限制了：

- **從孩子年幼時開始，我們就把孩子放到侷限的器具裡**：搖椅、揹巾、嬰兒車、嬰兒座椅、座椅道具，這些都會限制孩子的活動。根據嬰兒專家品克・麥克凱（Pinky McKay）的說法：限制身體的器具，會抑制孩子的發展。
- **有一種過度保障安全的文化**：父母親、教育者與照顧者被期待要管束、限制及減少任何可能危及孩子生活的危險因子。遊樂場的設計也要修正，因為害怕由意外而來的法律訴訟（因此很難找得到一個旋轉木馬了）。讓這個問題更嚴重的是：孩子們的遊戲活動也有時間限制（如前一章所述）。
- **增加了家庭與早期兒童教育者身上的壓力，逼得他們讓孩子更早接觸正式的學術學習**：已經造成了破壞及不重視體能活動的結果（第六章探討過，這種學術亂象與其他社會文化因素，是孩子花更少的時間遊戲的原因）。
- **改變的家庭結構與生活**：許多家庭現在是雙薪家庭，導致孩子的體能活動與運動的時間減少。

學校也在改變：有些學校甚至會減少遊戲的時間，因為害怕孩子會受傷；有些學校則是限制遊戲的空間，並執行一些減少創意與動態遊戲的規則（像是不准側手翻、追逐的遊戲）。

顯然地，有許多因素結合在一起（包括曝露在螢幕面前的時間），減少了孩子體能活動的程度。

科技如何妨礙孩子的活動技能

孩子被動的生活型態，會以兩種方式影響他們的身體發展：

- 心血管不健康，增加肥胖及其他健康狀況的風險。
- 運動技巧越來越差。

其中一個對年幼孩子健康與福祉的最大威脅是過度的螢幕使用時間。健康的情況與久坐的生活型態有顯著相關，此外，也可能導致身體發展的遲滯。這是我們必須處理（而且要快）的嚴重問題，才不會危害孩子的健康。解決之道不是全面性地禁止螢幕使用時間（我們也知道這幾乎不可能），但是我們必須要找到健康、平衡的方式，讓科技進入孩子的生活。

肥胖與健康危險

「澳洲活躍健康兒童」估計到了二〇二五年，三個孩子裡面有一個會過胖，不活躍的生活型態與不健康的飲食習慣是主要的原因。一份澳洲的研究已經發現：澳洲五到十七歲的孩子，有百分之八十沒有每天運動。

科技小撇步

不要讓電視進入臥室。房間裡有電視的孩子比較可能有過重的問題。丹尼森（Dennison）與傑金斯（Jenkins）發現：房間裡有電視的孩子與房間沒電視的孩子相形之下，平均每週會多看超過四點五個小時的電視。

勢在必行的是：要讓孩子的房間成為沒有電視（而且沒有任何科技產品）的空間。

花在螢幕上的時間以及孩子肥胖的比例，有非常清楚的關係。這是一個很簡單的因果關係，也就是孩子花越多的時間在螢幕前面，他們就花越少的時間從事動態的體能活動，也增加了肥胖以及其他病痛的危險性。

過度使用數位媒體也與孩子不良的健康結果有關。使用螢幕的時間超過建議的限制（見下一節「身體活動與螢幕時間的建議」），與肥胖、增加心血管疾病先兆的風險、不佳的學業表現及社交技能都有關係。

缺少體能活動

大部分的健康指引都建議：年幼孩子每天要有中度到劇烈程度的體能活動，而且要累積到六十分鐘，每天也不要花超過兩小時的時間在螢幕的媒體上（見以下的「體能活動指引」圖表）。如果不能夠遵照體能活動的指引，就會增加三到四倍過胖的機會。很重要的是：即便是遵照體能指引，但未遵循螢幕時間建議的孩子，不良的健康影響也會持續下去。

現在的孩子較少
將時間花在一些
無結構與戶外的遊戲上

從1970年代後期開始，
孩子自由玩耍的情況
已經下降了百分之二十五

從1970年代後期開始，
孩子無結構的戶外活動
已經下降了百分之五十

現在的孩子在一週內
花5個小時32分鐘在戶外

現在的孩子週末期間花在
戶外的時間總共少於五個
小時，這幾乎是我們孩提
時期所花時間的一半

對體能不活躍孩子的影響，若加上因為使用螢幕而造成的不良飲食習慣，情況會更嚴重，因為他們在使用科技產品時，通常會吃下更多高卡路里、不營養的食物，而且也會接觸一些不健康食物的廣告（請見第八章有關孩子營養模式因為科技而改變的詳細說明）。

個案研究

八歲的麥克斯喜歡在他的玩具小屋裡玩耍、騎腳踏車或跳蹦床，但是當他在生日時收到一個遊戲機之後，一切就翻然轉變了！

「麥克斯跟他的電動遊戲黏在一起，不想出去玩。當他不玩電動遊戲時，不是因為不能玩而生悶氣，就是滿口電動遊戲。我那個樂天的孩子已經不再對小事情感到興奮了，他沉浸在數位世界裡，而且根本對真實世界毫無興趣！我嚇壞了，因為電動玩具偷走了我的兒子！」

如果他的父母親要他關掉電動玩具，麥克斯就變得很激動，他也開始有晚上睡眠的問題。麥克斯的友誼圈也慢慢消失了。在幾個月之內，麥克斯的父母親就注意到孩子明顯胖了起來。

當麥克斯的老師說他在學校的表現已經下滑了，麥克斯的父母親就決定強行限制一些螢幕使用的時間，也減少他打電動玩具的時間。三個月過後，麥克斯終於找到一個更平衡的方式來使用遊戲機了。

身體活動與久坐的指導原則*

年齡	建議的身體活動程度以及活動	久坐的指導原則
0 到 1 歲（嬰兒）	對這個年齡層的孩子，建議**以地板為基礎的遊戲**。很難去規範正確時間量，因為他們醒來的時間差異很大。 **建議的活動：** ⚡提供地板遊戲時間所適合的玩具，鼓勵他們去抓取、滾動或探索。 ⚡播放一些音樂來鼓勵他們活動。 ⚡鼓勵他在洗澡的時候做一些身體的活動。	0 到 2 歲的孩子**沒有螢幕使用時間**。** 0 到 5 歲的孩子，限制活動或是不活動的時間**一次不要超過 1 小時**（不包括睡眠的時間）。
1 到 5 歲的孩子（學步兒與學前兒童）	每天要有 **3 個小時**的體能活動（輕度、中度或劇烈的），可分散於一天之中。 **建議的活動：** ⚡球類活動或是玩氣球。 ⚡移動身體的遊戲。 ⚡跑步、走路、蹦跳、翻滾、攀爬、爬行、跳躍。	0 到 2 歲的孩子**沒有螢幕使用時間。**** 2 到 5 歲的孩子螢幕使用時間**每天不超過 1 個小時**。 0 到 5 歲的孩子，限制活動或是不活動的時間**一次不要超過 1 小時**（不包括睡眠的時間）。

5 到 12 歲	每天**至少一個小時**中度到劇烈程度的體能活動。 如果增加體能活動（像是多於一小時）能帶來更多好處。 **建議的活動：** ⚡高強度的有氧活動，像是跑步、攀爬、衝浪、騎腳踏車、障礙賽跑。去操場、公園、海邊或湖邊，享受園藝、遊戲以及結構式課程（像是網球、足球、武術與籃網球）。	⚡**每天不超過兩小時**的螢幕時間。** ⚡要減少每天久坐的時間，長時間不活動之後，做做建議的活動。

＊這些指導原則是以澳洲的衛生署（Department of Health）所發佈的指引為基礎。這些與美國小兒科學會（American Academy of Pediatrics）在二〇一五年末所提出來的指引內容非常相近。

＊＊螢幕使用時間是指像看電視、使用觸控螢幕產品，看 DVD、使用電腦以及玩電子遊戲。

幾乎不可行的指引？

如果我們的孩子使用螢幕的時間已經超過了上述的的建議，或者體能活動未達上述需求標準，在我們擔心自己是失職的父母之前，請放心，因為許多父母親都發現這些指引（特別是螢幕使用時間）在螢幕無所不在的數位時代，是不切實際的。

考慮一下：

- 在二〇〇六年，萊德奧（Rideout）與漢姆（Hame）的研究發現：兩歲以下的孩子，有百分之六十一每天使用螢幕，而這是在觸控螢幕產品出現之前就已經如此！
- 二〇一四年的澳洲體能活動成績報告（Physical Activity Report Card）顯示：二到四歲澳洲孩子，只有百分之二十六符合澳洲螢幕指引所推薦的時間量，也就是一天累積不超過一小時。此外，五到十七歲的澳洲孩子，只有百分之二十九達到澳洲螢幕時間指引所建議的每天累積不超過兩小時。
- 其他的研究已經發現：有百分之四十五的八歲孩子，以及百分之八十的十二到十七歲澳洲孩子，使用螢幕的時間超過建議的每天兩小時。

孩子當然需要螢幕時間的限制，但是我不認為我們可以根據孩子的實際年齡，訂出一個螢幕使用時間的普遍安全標準。這並不是一個精確的科學，而且我們也沒有實徵的研究來證實所謂「安全」螢幕時間是多少。

事實上，使用螢幕時間的建議也可能只是安撫父母親，讓他們誤以為這樣很安全。如果我們完全聚焦在孩子使用多少螢幕的量上面，可能就會沒有考慮到他們是使用什麼科技產品、以及何時使用，而這可能是有害的（更詳細的內容請見第十章有關螢幕使用指引的說明，該章節也提出了一個決定健康螢幕使用時間的公式）。

在二〇一五年，美國小兒科學會（American Academy of Pediatrics, APP）宣布將在二〇一六年重新評估現有的螢幕使用時間建議，因為擔心目前的建議（兩歲以下孩子的零螢幕使用時間、超過兩歲孩子每天使用不超過兩小時）被視為是跟不上時代的。簡單地說，目前的一些建議並不吻合現代生活的現實，而且需要做適度的調整才不會落伍。

下面是美國小兒科學會所建議的一些健康安全小祕訣：

- **將媒體與孩子生活中的其他環境因素等同視之：**同樣的親職指引可同時運用在真實與虛擬的環境裡。設立界線，孩子需要、也期待這些界線。認識孩子的朋友（不管是在網路上的或非網路上的），知道孩子使用哪些平台、軟體以及應用程式，了解他們都上哪一個網站，以及他們上網做些什麼。
- **設定限制，也鼓勵他們去玩耍：**就像其他的活動一樣，使用科技也應該要有合理的限度，無結構與不上網的遊戲會刺激創造力，讓這些不上網的遊戲時間變成每天最優先的事情，特別

> **將媒體與孩子生活中的其他環境因素等同視之：同樣的親職指引可同時運用在真實與虛擬的環境裡。**

是對年幼的孩子來說。不要忘記：要盡可能地參與孩子不上網的遊戲。

- **家人可以一起玩耍、也一起學習：**家人參與與媒體有關的活動，也是很棒的一個點子，如此可以鼓勵我們從事社交的互動、促進彼此情感的連結與學習。跟孩子一起玩電動遊戲，也是示範良好運動精神與遊戲禮儀的好方式。在你們一起玩遊戲的時候，你也可以介紹或分享自己的生活經驗及觀點（與指引）。
- **做一個很好的角色模範：**教導也示範上網的善意與禮貌，而且因為孩子是很容易模仿的，所以要限制你自己的媒體使用時間。事實上，如果你與他們互動、擁抱與玩遊戲，而不只是盯著螢幕看，你會跟孩子更親近、而且連結更佳。
- **要了解面對面溝通的重要性：**年幼的孩子從「有來有往」的溝通中學習最多。能夠參與「有來有往」的對話，對語言的發展是非常關鍵的。對話可以是面對面的，或是必要時，可以跟旅行中的父母親或是遠方的祖父母，藉由視訊聊天的方式進行對話。研究已經顯示：「有來有往」的對話會促進語言技巧，比「被動」的傾聽或是單向的跟螢幕互動，要來得更有效！
- **創造無科技產品的空間：**讓家人用餐時間、家族聚會或者是社交聚會，都不受科技產品的干擾。利用夜間來為科技產品充電，不要在孩子的臥室裡充電，讓孩子在該睡覺的時候可以遠離螢幕產品的誘惑。這些改變會讓我們有更多家人聚在一起的時間、更健康的飲食習慣，以及品質更好的睡眠，而這些對孩子的福祉都是非常重要的。

不要將科技產品當作情緒的撫慰工具（或奶嘴）：媒體或許可以有效地讓孩子冷靜下來或安靜，但是它不應該是孩子學習冷靜的唯一方式。需要教導孩子如何辨識並處理自己強烈的情緒、如何想出一些活動來排遣無聊，以及如何運用呼吸法、與人討論問題解決之道、找到其他的策略來抒發情緒等方式，來讓自己冷靜下來。

做好家長的功課——找到適合孩子的應用程式：有超過八萬個應用程式號稱具有教育功能，但是卻沒研究指出它們的實際品質。有一些產品既然定位為「互動式」，就應該不是只需要按壓與滑動而已。去參考一些機構像是「常識媒體」（Common Sense Media），上面有評論適合年齡的應用程式、遊戲以及節目，來引導你為孩子做最好的選擇。

讓你的青少年孩子上上網是可以的：網路關係是典型青少年發展中的一部分。社交網路可以支持青少年去探索與發現更多有關自己以及他們在其成長世界中的位置。只是要確定：你的孩子在真實以及網路世界中的行為舉止都要合宜。對於許多青少年，我們需要提醒他們：平台隱私權的設定並不能達到真正的「隱私」，而年輕人在網路上所分享的圖像、想法與行為，會立刻成為他們永遠的數位足跡的一部分。保持溝通管道的暢通，讓孩子知道，如果他們有任何問題或關切的事情，隨時都可以找到你。

對於許多青少年，我們需要提醒他們：平台隱私權的設定並不能達到真正的「隱私」。

記得孩子只是孩子：孩子在使用媒體的時候會犯錯，嘗試帶著同理心去處理孩子犯錯的情況，把錯誤變成一個教育時刻。但是有一些不檢點的行為，像是色情簡訊、霸凌、或是放上一些自殘的影像，可能就是警訊，暗示可能會面臨麻煩。父母親應該仔細地注意孩子的行為，必要時列出一些支持的專業協助名單，包括你們的小兒科醫生。

不管美國小兒科學會對螢幕時間的指引做了什麼改變，澳洲衛生署在二〇一五年明確表示：沒有立即的計畫要來重修目前的澳洲指引，因為他們並不是要訂立螢幕時間限制的處方，而只是做建議性的指引。在第十章有個很簡單的公式提供給大家，來為不同年紀的孩子決定健康螢幕的時間限制，不需要依據孩子實際年齡而訂立一個普遍的螢幕使用時間。

身體技能對學習是非常重要的

研究已經顯示：有越來越多的孩子在進入小學時，就有動作技能的缺陷。發展不完全的粗動作跟細膩動作技巧，可能會阻礙孩子學習的能力，造成越來越多的傷害。

體能活動實際上能讓大腦得以學習，然而，不良的身體發展與運動技能，可能是後來學習的瓶頸。如果一個孩子的認知能量是被導向表現基本活動技能，或者是處理感覺資訊，他們就不能夠將注意力轉向更高層的思考過程，像是衝動控制以及工作記憶。

隨著時間，孩子有了各種體能經驗之後，他們的腦部以及身體就會合作、一起學習有關他們身處的世界，而且會將這些活動技巧與感覺資訊自動化。

因此很重要的是：在早年時期，讓孩子的基本運動技能有適當發展，不要被過度的螢幕使用時間所破壞；如果基本運動技能沒有好好地發展，可能會造成接下來學習及福祉的崩盤效應。

有一些基本身體技能是年幼孩子必須發展與熟練的，以確保他們未來的學習與發展。重要的技能包括：

1. **爬行**：這是一個對孩子神經系統發展非常關鍵的技能。對嬰兒來說，它不只是一個新的移動方式，也可以發展對後來的學習與發展非常重要的一系列其他技巧（像是肩胛、骨盆帶、上半身的力氣、視覺追蹤技巧等，對後來的閱讀很重要。而頸部的肌張力反射是坐在桌前、眼睛直視前方所需要的，就像我們坐在教室裡那樣，同時也讓兩個半腦之間產生聯繫）。因此絕對不要讓孩子倚靠在螢幕或其他科技產品面前，妨礙了他們的爬行。

沒有螢幕的小訣竅

這是一個很重要的階段，所以不要急著略過它。為嬰兒提供許多機會去爬行或攀爬，給他們一些東西去追逐，或是提供隧道與梯子讓他們去爬行。

2. 前庭系統的發展：前庭系統讓孩子產生平衡感，而且協助他們保持直立。這不是孩子生下來就有的一種感知，但是它可以經過一段時間的移動過程而發展起來。前庭系統位在內耳的深處，當孩子移動的時候，內耳的液體會產生位移，而且輸入身體在空間位置的相關感官資訊，讓他們保持平衡。

孩子的身體基本上是渴望這樣的感官資訊輸入的，這就是為什麼孩子喜歡旋轉木馬、翻滾下山的原因（這也是為什麼我們成人在前庭系統發展完成之後，很不喜歡這些活動的原因）。因此，當孩子在教室裡面，發現自己很難好好地坐在地毯上，總是坐立難安、想要在椅子上一直搖晃，很多情況是因為前庭技巧發展不足。**當認知的資源被導向腦部的感官區域（而不是負責更高層次思考的前額葉皮質區），可能會嚴重影響他們的學習。**

沒有螢幕的小訣竅

提供許多的機會讓孩子可以打滾、旋轉、搖擺與吊單槓，一般說來，遊戲場跟戶外遊戲可以提供孩子自然機會去探索許多這些動作。

3. **本體感覺技巧（proprioception skills）**：這些技巧是讓孩子知道他們身體的空間位置而發展的。對大部分的成人來說，這是自動化的直覺，但是孩子仍然在學習如何了解他們的身體所在何處、身體能夠做些什麼事。這是為什麼我們可以不看樓梯直接走上去，但是孩子卻需要非常小心才能做到，這也是為什麼孩子常常不知道他們身體能夠做什麼，因而發生更多意外的原因。

沒有螢幕的小訣竅

提供許多機會讓孩子藉由推擠、拉扯、玩耍、攀爬、抬舉、跳躍、蹦跳、擠壓、吸吮、咬嚼、吹氣的方式，去發現自己的身體能夠做些什麼。再提醒一次，體能與無結構遊戲，是發展這些技巧的最好方式。

4. **小肌肉運動技巧**：包括如何使用手指、手掌及手臂的小肌肉來控制、操作與使用器材和工具。這些技巧是獲取其他學術以及生活技巧的基礎，像是寫字、用剪刀剪東西、獨自穿衣及上廁所。

沒有螢幕的小訣竅

提供許多的機會給孩子用黏土、釘子、螺絲起子、鉗子，去操作、探索以及創作，讓孩子榨果汁以及玩黏膠、沙子、黏土和泥土，使用一些建築的材料及玩具，享受把自己弄髒的遊戲。孩子在四到六歲的時候，應該就會慣用其中一隻手，這是指他們應該會偏好且持續地使用某一隻手做一些小肌肉的活動。

5. **打混仗的遊戲**：這是兒童期很重要的一個部分。孩子會經由打混仗或扭打的遊戲，測試以及排練他們的身體技巧、發展重要的社交技能、學習有關他們身體的力量以及他們的身體能夠做些什麼。其中很關鍵的技能之一是衝動控制，這是一個更高層次的思考技巧（請見第九章在執行功能技巧上有更詳細的說明）

沒有螢幕的小訣竅

鼓勵孩子有機會去參與一些打混仗的遊戲。對嬰兒來說，會涉及彈跳、被高舉在空中，但是不要搖晃嬰兒，這是非常危險的；對學步兒跟學前的孩子來說，可能就是追逐與轉圈圈；而對小學年齡的孩子來說，常常是指追逐與摔跤。小學階段的男孩子，正值荷爾蒙蓬勃發展的時候，特別需要許多扭打或打混仗的遊戲機會。

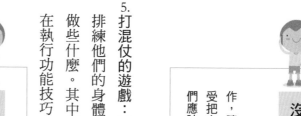

個案研究

珍妮擔任幼稚園老師已經二十三年了，她注意到孩子小肌肉活動技巧的急速衰退。珍妮解釋說：「自從觸控螢幕廣受孩子歡迎之後，他們就開始花更多的時間玩電動遊戲，而不是在樹上吊單槓，或者是在後院遊蕩。我注意到他們的小肌肉技巧已經改變了。我擔心他們使用螢幕的時間也會影響到他們慣用手的發展。今天的孩子進入幼稚園的時候，沒有特別喜歡使用哪一隻手，他們只是沒有機會來練習這些技巧。」

打破科技迷思

迷思：孩子在使用螢幕產品的時候，應該使用觸控筆。

事實：觸控筆並不能夠模擬自然的握筆方式，而且也不必要。

觸控筆與一般鉛筆的握法稍微不同。握觸控筆時，我們的手不會放在螢幕上，而且觸控筆的重量也和鉛筆或鋼筆不同，因此握觸控筆並不等同於握鉛筆或鋼筆。

觸控筆是可以使用的，特別是需要在螢幕上執行更精細的動作時，但是它們並不一定能發展手寫技巧。

增加受傷的機率

澳洲運動傷害與預防研究中心（Australian Centre for Research into Injury in Sport and its Prevention）提出報告說：孩子的運動傷害比率越來越高，而孩子越來越衰退的動作技巧，可能是增加受傷機率的原因之一，孩子越來越下降的體能技巧，可能也是過度使用螢幕時間所造成。

醫院的急診室以及小兒科醫生報告說：有越來越多的孩子在遊戲場受傷，但是沒有一個決定性的研究證據可以解釋這種機率增加的原因。對於為什麼受傷機率會增加，有兩個概略的猜測：

1. 父母親沉浸在自己的螢幕產品及智慧型手機裡，未能適當地監控孩子在操場的行為（也就是科技忽略）。
2. 孩子未具備使用操場設備的運動技能，因為他們沒有花足夠的時間在戶外玩耍，因此無法發展這些必要的技能。

有越來越多引人注意的證據證明：我們需要確保孩子有足夠的機會做體能活動，戶外的遊戲場是發展孩子身體技巧與能力的理想場所。

科技如何協助孩子的體能活動

科技以及螢幕產品當然會妨礙體能活動，但是也有一些潛在的好處可以考慮。以下是可鼓勵的科技體能活動：

- 運動電玩遊戲
- 互動電視
- 兒童運動追蹤器

運動電玩遊戲

使用運動電玩遊戲——需要一些大動作活動的電動遊戲——可以讓孩子的身體活動起來。有一些產品，像是PlayStation Move、Wii Fit及X-Box遊戲，廣告宣傳說是比那些需要久坐、按鈕的電動遊戲更健康的選擇。

一個二〇一三年的研究發現：玩一些動態電動遊戲，要比一般久坐的遊戲消耗更多的體能，但是消耗量常常不如實際的體能遊戲（運動電玩的好處通常比不上其他體能活動，因為通常體力的消耗在強度上與時間的持續上，都不如專家建議的每日體能活動量。）

孩子仍然需要離開螢幕做正常的體能活動，讓他們可以流汗到全身濕透、弄得髒兮兮，而不需要黏在數位產品旁。

然而，在一個二〇一一年的比較研究，研究者以各種不同身體質量的孩子為對象，比較六種不同的互動數位運動遊戲所消耗的體能。這些研究者發現：對於正常及過重的孩子而言，所有的運動遊戲都能夠提升體能消耗的程度；他們也發現其中的五種遊戲，提升了孩子的心跳，比以每個小時四公里的速度快走的心跳還要快（然而，很重要的是要注意：在這個研究裡，體能消耗的程度只測量了十分鐘而已）。

運動電玩遊戲相較於其他非動態的遊戲及螢幕活動，可能是更好的一個選擇——對肥胖兒童而言是一種可能的治療運動模式——但是我們不應該愚蠢地認為：就運動來說，這些遊戲是有利於孩子的。孩子仍然需要離開螢幕、從事正常的體能活動，讓他們可以流汗到全身濕透、弄得髒兮兮，而不需要黏在數位產品旁。

其他最近新創的科技運動，仍然有待研究，包括加裝電玩螢幕的運動腳踏車，是用腳踏車啟動電動遊戲機。還有運用行動感測科技、有互動式牆壁及地磚式數位遊戲場，鼓勵孩子去跑、去跳、去踩，或者滑行。

這些產品可能在短時間內，會促進孩子的體能活動（對於非常不愛動或者是過重的孩子來說，是一個不錯的選擇），但是它們不太可能像戶外激烈活動那樣造成全面或持久的效果。

互動電視

託科技顯著進步之福，讓孩子觀賞的互動電視現在已經實現。連接到電視的電動遊戲機，上面有動作和語音感測控制器，可以讓年幼孩子跟電視中的人物和場景互動。

舉例來說，像《動感芝麻街電視》（Kinect Sesame Street TV，編按：Kinect 是微軟公司開發給 Xbox 360 專用的體感裝置，玩家可以不需要手持遙控器，透過手勢和語音就可以操作遊戲軟體；Kinect Sesame Street TV 則是《芝麻街》與微軟合作推出，可搭配 Xbox 360 遊戲主機使用的互動電視節目。）如果孩子把一顆會說話的球丟給螢幕上的人物，他們就會接住。孩子可以根據螢幕人物的指示，從花園裡採胡蘿蔔、拍幾下手，或者是做一些身體的動作，像是跳躍、揮手、丟擲，或者是站立不動。

這是兒童電視的一個大躍進，因為它提升了更多互動的學習，也減少了孩子久坐的行為。然而，就像運動電玩遊戲一樣，互動電視對孩子的身體活動程度並沒有造成很棒的效果，但它對於傳統、久坐看電視的人，的確是一個很棒的選擇。

兒童運動追蹤器

為孩子所設計的體適能追蹤器，市場行銷為一種可以用來協助對抗童年期肥胖的工具。追蹤器可以提供孩子睡眠模式、累計的身體與久坐活動等資料。目前還沒有研究檢視兒童運動追蹤器的益處，但是以成人為對象的研究已經顯示與其有關的創新因素。

體適能追蹤器可能適合有體重或健康問題的孩子，但是這些產品不太可能會受到健康孩子的歡迎。此外，運動追蹤器對孩子來說是一個很昂貴的產品，很多也需要頻頻充電。大部分的運動追蹤器，也需要實際連接到另一個裝置（像是電腦、智慧型手機或者平板電腦）來提取資料。孩子（及他們沒有空的父母親）不可能會維持這樣的習慣一段長時間。

> 體適能追蹤器可能適合有體重或健康問題的孩子……

本章精華回顧

要如何在充滿科技的世界裡鼓勵孩子從事身體活動呢？

- **限制螢幕使用時間：**一般孩子的健康危機，可以藉由減少他們久坐的時間來減低，特別是減少過度使用螢幕時間。對於每天孩子可以使用多少螢幕時間，要建立並執行清楚的期待值（請見第十章對於健康的數位習慣的更多詳細說明）。
- **避免將使用螢幕時間當作一種酬賞或者處罰：**當孩子無計可施的時候，可能會答應去遛狗、協助在晚餐桌上擺放餐具、每天鋪床，為的就是要看螢幕產品。然而將使用螢幕時間當作酬賞，可能會有反效果，因為這會讓孩子更重視使用螢幕時間。最好的方式是讓孩子將看螢幕視為每天生活中的一部分，而更重要的是，學習如何適當地使用螢幕產品。孩子需要將科技視為一種工具，而不是玩具。
- **鼓勵體能活動：**在以往的世代，孩子自然在體能上很活躍，而今天我們過著久坐更多的生活，我們需要積極鼓勵孩子在體能上更活躍。

- **減少久坐的時間：**去找一些可順便運動的方式，站立式書桌可能是一個很棒的選擇。鼓勵孩子使用科技時，每隔一段時間要固定休息一下，做其他事情讓身體動一動（請看第十一章詳述的「二十－二十－二十－二十」原則）。
- **不要讓他們看太多電視：**我們並不建議讓年幼孩子長時間久坐（除非像是生病這種情有可原的情況）。
- **示範健康的習慣：**有活躍的父母親，孩子本身也比較活躍，這絕非巧合。維持健康的生活型態，才可能談論與示範健康的習慣。找機會順便做運動，像是走路到商店，或是把車停距離目的地遠一點、然後走路過去。童年時期是讓體能活動習慣根深蒂固的時期。
- **讓臥室沒有媒體產品：**如果孩子的臥室裡有數位產品的話，就更容易比那些臥室裡沒有科技產品的同儕要坐得更久。
- **了解實際體能活動是無可取代的：**氣喘吁吁的跑跑跳跳有其神奇之處。運動電玩遊戲、互動遊戲／電視與運動追蹤器雖然也對身體有益，但是並不能夠替代不受限制的體能活動。

如果沒有仔細管理的話，科技可能會嚴重地減損孩子體能活動的程度。運動電玩遊戲、互動遊戲／電視與運動追蹤器的確有一些優勢，但是這些數位產品並不能取代真正的體能活動。在一個越來越容易久坐的世界裡，我們需要鼓勵孩子重視及參與體能活動。

下一章將會探討孩子發展的第六個基石──營養，而且思考科技是如何塑造這個基石的。

第8章 基石六：營養

科技藉由不健康食物的廣告、吃零食的習慣、與螢幕一起晚餐，以及造成一些不良的飲食習慣等方式，可能會妨礙孩子的營養。

這一章並不打算要提供一個完整有關孩子營養的綜述，而是針對孩子最佳發展的飲食所需，呈現當前的研究概要，也會聚焦在科技是如何改變孩子的飲食習慣及對食物的喜好。

品質好的食物建構腦部

在孩子出生後的前幾年，是腦部急速發展的時期。腦部發展是從懷孕二十四週開始，一直到孩子大概五歲的時候，這時候的腦部特別容易受到營養缺乏的影響。因此，我們需要很仔細的考慮我們餵孩子吃什麼。品質好的營養可以建構腦部，有越來越多的證據證實，孩子的飲食需要富含某些食物（也要減少其他的食物），以催化最佳的發展。

科學一直在精確地找出，發展中的腦部與身體究竟需要什麼才能達到最佳的健康與營養狀態。如同本書中所探討的其他許多基石，研究現在已經證實：我們的祖父母知道全食物（whole food，編按：天然、未加工的食品）或者未經過處理的食物對孩子最好（對成人也是如此）。最新發表的澳洲指引建議：「**選擇全食物或者是最少加工的食物**」。

腦也需要許多的能量。我們的腦部每天使用我們所吃下食物百分之二十的能量。腦部主要是由脂肪與水所構成。讓我們思考、學習以及維持生命的神經元需要：

- 好的脂肪
- 蛋白質
- 複合式碳水化合物（complex carbohydrate）
- 微量營養素
- 水

這些是神經元發展所需要的，也與在二〇一三年更新的「澳洲飲食指引」（Australian Dietary Guidelines）所發表的一致。

好的脂肪

小兒科營養研究裡的重要發現之一，是嬰兒與年幼孩子需要好的脂肪。由於腦部有百分之六十的脂肪組織，因此嬰兒和幼兒若要達到最佳健康、營養狀態，以及滿足腦部發展之需要，就要攝取必需脂肪酸（essential fatty acids, EFAs）。好品質的脂肪包括：酪梨、椰子油、脂肪含量高的魚、堅果、奶油以及全脂的乳製品。

氫化植物油或反式脂肪（常見於保存期限長的包裝食物內，像是餅乾、便宜的乳瑪琳以及油炸食物）應該盡量減少食用。

孩子不需要低脂飲食，他們需要必需脂肪酸以及優質蛋白質、複合式碳水化合物、微量營養素與水。

年幼孩子需要富含必需脂肪酸的飲食

必需脂肪酸對於「髓鞘形成」——一種重要的神經發展過程——非常重要。神經元（腦細胞）會沿著軸突（axon）將訊號傳達給另外一個神經元。在生命的早期，軸突像是沒有包覆絕緣材料的電線一樣。髓鞘形成的過程包含軸突被髓鞘（myelin sheath）所包覆，它是一種白色脂肪體，可以讓神經訊號的傳導順利、有效率（就像是包覆了絕緣材料的電線一樣）。這個過程在胚胎發育的第十四週就開始，最巔峰的時候是在生命的前幾年，會持續到青春期。

必需脂肪酸對於髓鞘形成相當關鍵，它們是髓鞘裡的一個關鍵元素。人體無法自行合成必需脂肪酸，但可以從飲食或是提煉的營養補給品當中吸收。堅果、未精緻油、酪梨、冷水魚（編按：生長於低溫環境的魚類）以及深綠色葉菜類，都是富含必需脂肪酸的來源。

蛋白質

蛋白質對於孩子的腦部功能以及整體情緒健康非常重要，也會協助孩子專注及學習。蛋白質提供了胺基酸，這是神經元發揮最佳功能所需要的。胺基酸構成大腦的神經傳導物質，這是大腦的生化信差，負責將訊號由一個腦細胞攜帶到另外一個腦細胞，接著再由腦細胞將這些訊號傳輸到身體的不同部位，讓它們各司其職。基本上，如果這些信差能夠攝取高品質的蛋白質，就可以表現得更有效率，做好傳遞的工作。

> 蛋白質對孩子的情緒健康也非常重要，特別是他們的快樂情緒。

蛋白質對孩子的情緒健康也非常重要，特別是他們的快樂情緒。如果蛋白質不足，腦部就無法製造足夠的神經傳導物質，像是血清素（負責調節情緒跟睡眠）以及多巴胺（協助孩子提高警覺、專注、處理壓力、協助記憶）。對孩子來說，如果要感覺愉快，這些神經傳導物質就必須達到正確的平衡。

對年幼孩子很棒的蛋白質來源包括：肉（牛肉、家禽肉、羊肉、豬肉）、魚、豆類、堅果以及乳製品。

微量營養素

維他命與礦物質對於腦部的建構及再建構是不可或缺的，它們來自水果、蔬菜以及全食物。例如，維他命B能夠協助生成腦細胞所需的能量，而且會協助製造神經傳導物質，例如能讓人感覺愉快的血清素，以及可以協助專注和聚焦的GABA（γ-氨基丁酸）。

現在，在你衝到健康食品店、想買一些營養補給品來提升孩子的腦部功能之前，先要考慮孩子的飲食。下列飲食都是這些營養素的來源：

- **葉菜類**——是維他命B的極佳來源，穀殼也是。
- **種子、堅果與紅肉**——有益於鋅的製造。鋅是海馬迴（腦部處理短期與長期記憶的區域）所需要的。
- **鈣質**——用來維護腦部電子環境的一種礦物質，還會汰換有害物質。

有些食物來源事實上會抵消其他的營養素所帶來的益處，這些食物可能會損耗體內有價值的營養素。應該盡量避免食用精緻糖、氫化脂肪與反式脂肪、化學添加物（像是食用色素、人工甜味劑、高果糖的玉米糖漿及防腐劑）。

複合式碳水化合物（醣類）

碳水化合物也稱為醣類，對發展中的大腦而言，就像燃料的功能一樣。因此，孩子的確需要碳水化合物來維持其腦部功能。然而，並不是所有的碳水化合物都是以同樣方式製造的。我們必須要確保孩子所吸收的碳水化合物是對的形式，而且是對的分量，甚至是在對的時間，才對他們有益處。

太多單醣可能會造成血液裡的血糖升高，有時候會轉變成過動以及專注或注意力缺失。同樣的，太少的醣可能會讓孩子覺得很累、容易焦躁，而且不能夠專心；過多的醣，特別是單醣，會以脂肪形式儲藏起來。

今天的孩子比起以往攝取了太多的糖類。根據美國心臟協會（American Heart Association）的資料：一到三歲的孩子，平均每天會吃下十二茶匙的糖，而四到八歲的孩子則吃下二十一茶匙的糖。這遠遠超過了對學齡前與國小低年級孩子的三至四茶匙限制，以及更年長孩子的五到八茶匙限制。

> 一到三歲的孩子，平均每天會吃下十二茶匙的糖。

孩子需要吸收複合式碳水化合物來促進健康的腦部發展。在考慮孩子對複合式碳水化合物的需求時，你需要：

- 尋找緩慢釋出糖分的食物。例如：大燕麥、糙米、黑麥麵包、蔬菜（除了馬鈴薯以及防風草之外）。
- 將蛋白質與碳水化合物搭配食用。舉例來說，酸麥吐司加蛋、水果加優格及種子。
- 鼓勵孩子少量多餐，讓自己的能量程度維持一致，這也有助於專心。

水

讓孩子適當地補充水分，對於發揮最佳的腦部與身體功能是非常關鍵的，我們的腦部需要依賴適量的水分才能發揮最好的功能。一般而言，我們腦細胞所需要的能量是其他身體細胞的兩倍，水最符合孩子的液體需求，而不是果汁、濃縮果汁或其他的軟性飲料。

當孩子沒有攝取足夠的水分時，腦細胞就會喪失效能，而孩子會發現自己越來越難維持專注力。脫水也可能會傷害短期記憶與長期記憶回想的功能，當我們脫水的時候，基本的思考就會受損。

脫水可能會導致暈眩、疲憊、懶散、專注力下降，認知能力也會下降。在孩子覺得口渴的時候，在認知功能上已經下降了百分之十。

建議每天攝取的液體量是：

- 五到八歲：五杯（一公升）
- 九到十二歲：七杯（一點五公升）
- 十三歲以上：八到十杯（兩公升）

科技如何協助孩子的營養

很令人難過的是，在這個基石上，科技幾乎不能提供任何好處。幸運的是，有越來越多人關注孩子的健康飲食，對

> 一般而言，我們腦細胞所需要的能量是其他身體細胞的兩倍。

此感興趣。身為父母親，當我們要找專為孩子的健康飲食而設的部落格、應用程式及網站時，我們眼前出現了太多選擇。我們只要用指尖，很快就可以谷歌搜尋到有關準備健康家庭食物的菜單、祕訣或小技巧。

訣竅在於要找到有研究支持、可信的資源。很不幸的，許多的部落客在網路空間裡非常受歡迎，但是他們的方法、實務以及哲學，卻不是以研究為依據。在某些情況下，他們的建議已被證實對年幼的孩子是危險而且非常不健康的，因此要確定你所搜尋的營養資訊是來自可靠的網路資源。

科技如何阻礙孩子的營養

如我們在第七章裡所概述的，螢幕使用時間與肥胖之間有直接因果關係。研究者假設，孩子的媒體使用習慣是用以下的方式來增加其肥胖機率：

- 食物廣告推銷不健康的食物
- 不健康的零食
- 跟著螢幕一起用餐
- 不正常的飲食習慣

食物廣告

孩子會從觀察螢幕裡面的內容來學習，因此媒體廣告對孩子的食物選擇具有相當大的影響力。昆凱爾（Kunkel）與什佐伯格（Strasburger）的研究已經發現：八歲以下的孩子在認知與心理上，對廣告是毫無招架之力的。孩子還沒有學會去了解販賣的概念，基本上就會接受這些廣告所說的，一點也不質疑。

假設年幼孩子使用大量的螢幕媒體，很容易就看到食物廣告對孩子飲食習慣的影響力——不管是公開廣告或是隱藏廣告。

一個二〇〇六年美國小兒科學會所做的立場聲明提到：孩子每年曝露在超過四萬個廣告之前，而這樣的曝露量造成了孩子的肥胖、營養不良、抽菸以及飲酒。

在這個領域的大部分研究，是有關孩子經由電視廣告而接觸食物廣告的影響，但是現在的孩子已經可以使用太多種螢幕產品，可能會接觸到更多的食物廣告。食物廣告商現在會藉由網站、社群媒體，甚至是遊戲式廣告（品牌遊戲與有廣告的應用程式）來接觸到孩子。

在二〇〇七與二〇〇一年所發表的研究提到：速食品牌會影響孩子的味覺。在二〇一〇年刊登在《小兒科》期刊的研究提到，讓年幼孩子嘗嘗並排擺放的相同食物，像是薯條、雞塊、果汁與小胡蘿蔔，其中一個放在受歡迎的速食包

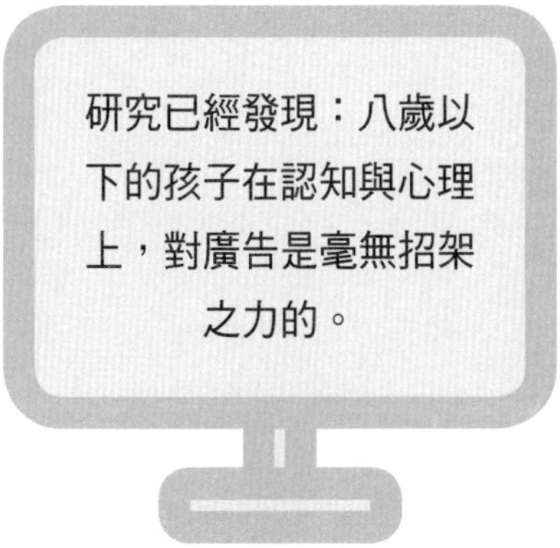
研究已經發現：八歲以下的孩子在認知與心理上，對廣告是毫無招架之力的。

裝紙上，另外一個則放在一般的包裝紙上，兩種包裝顏色與質地都一樣。

當被詢及哪一個比較好吃時，大部分的孩子壓倒性地選擇了速食包裝紙上的食物。這個研究也發現，對於家裡面有較多台電視機的孩子，以及經常上速食餐廳的孩子而言，品牌的影響力相對大了許多——這證明了廣告對孩子的味覺發揮了強烈的影響力。

身為父母親，我們也不得不對抗那些叨念因素或糾纏壓力——我們的孩子一直重複要求，吵著要買熱門電視或是電影人物的特殊周邊產品（如果你曾經帶孩子去購物的話，你就會知道我說的是什麼）。約翰霍普希金斯大學布魯伯公共衛生學院（John Hopkins Bloomberg School of Public Health）的研究團隊，檢視了這種叨念因素。他們訪問了六十四位孩子年齡三至五歲的母親，發現孩子對於電視廣告裡面人物的熟悉度，跟他們整體或是特定的叨念方式有關。包裝、電視廣告與人物，被視為驅使孩子叨念的吸睛因素。

> ……孩子壓倒性地選擇了速食包裝紙上的食物。

熱門媒體也內含一些潛意識廣告（subliminal advertising），只是它的影響還沒有被研究過。舉例來說，品牌會非常小心地確認，將適合的產品放入熱門電影和電視節目裡面做置入性行銷。社交媒體也受到孩子的歡迎，而使用者所看的針對性廣告，基本上都是不健康的食物以及飲料產品。

而大型的食物及飲料公司已經同意，針對十二歲以下兒童為消費目標的兒童媒體食物與飲料廣告，執行一些自律的限制，但是並沒有正式而合宜的檢測，來確定這些公司是否遵守這些原則。澳洲針對以孩子為對象的食物及飲料廣告，有一套相當嚴格的自我約束系統以及自願守則，但是沒有足夠的證據來決定，這些守則是否已經影響了商業及免付費電視裡，食物與飲料廣告的比率。

不健康的零食

孩子像我們一樣，在使用科技產品的時候，常常會吃下許多不好的零食，他們也不清楚在盯著螢幕看的時候，自己吃了多少，而這可能會導致他們吃得過多。

孩子在使用科技產品的時候，也較容易吃下比較不健康的食物。哈里斯（Harris）、巴赫（Bargh）與布朗尼爾（Brownell）發現，那些觀看有食物廣告卡通的孩子，比看沒有食物廣告卡通的孩子，多吃了百之四十五的零食。

與螢幕一起用餐

在電視機或是觸控螢幕產品前面吃飯，對許多家庭來講是很平常的事情。一個二〇一五年由美國說話語言聽力協會所做的民調發現，有百分之二十四的兩歲孩子在晚餐桌上使用科技產品，而有將近百分之四十五的八歲孩子在餐桌上使用科技產品。然而，這正是互動和語言發展的黃金時期。

我現在並不是建議說，偶爾跟螢幕一起用餐是不好的。我們在週六夜晚經常一邊享用墨西哥料理，一邊看電影（當我太累了，不想煮飯的時候），這是一個非常愉快的儀式。但是我們需要很小心，不要讓跟螢幕一起用餐變成每晚的常態。

孩子經常在電視機或者其他的媒體產品（像是平板電腦）前面吃東西的時候，就有機會成本需要考量。舉例來說，他們就沒有得到最佳發展所需的語言互動機會（見第四章有更詳細的內容）。

也有人擔心這可能會促使孩子不專心吃飯。有些小兒科營養學家已經擔心孩子對食物的偏好及味蕾，可能會因為在螢幕前面、沒有真正專心品嘗食物而改變了。

顯然地，這種不專心的用餐方式，是不可能培養健康的飲食習慣的。我們需要在用餐時間時，限制孩子的螢幕使用時間，在餐桌上真的不該有平板電腦，而我們應該要試著在用餐時，將電視機關掉。我們需要讓晚餐桌上成為一個可以對話的神聖場所。

米亞是一個吃東西很挑剔的人，對於許多兩歲孩子來講，超大的胃口似乎在瞬間就消失了，這是很正常的。有天晚上，米亞的母親凱莉竭盡努力想讓米亞吃飯，因此就在用餐時把 iPad 打開，讓她看了一集《粉紅豬小妹》。

當米亞不只是把晚餐吃完，在凱莉央求米亞嘗一下盤中的食物，或是說服她多吃一些時，她也不像以往那樣不妥協，凱莉嚇到了！她也感到驚奇。

因此隔天晚上，米亞就堅持（就如同我們都知道兩歲孩子會堅持的那樣）要在吃晚餐時開著 iPad。凱莉起初不願意，然後那個「科技鬧脾氣」就開始了，凱莉聯想到平常米亞如小惡魔般鬧脾氣的恐怖時刻，於是就打開了 iPad。米亞歡喜若狂，再一次毫無怨言地把飯吃光光。

在接下來的幾個禮拜，凱莉開始在用餐之前打開 iPad，而米亞就繼續吃她的晚餐，但是凱莉注意到她跟米亞之間沒有互動，除了當凱莉必須試著把 iPad 偷偷地從米亞手上拿走，好讓她把餐桌弄乾淨，並且開始準備洗澡。

最後在一次《粉紅豬小妹》被關掉以後，米亞情緒大崩潰，凱莉決定不要讓 iPad 再出現在晚餐桌上。她對米亞解釋新的規則，而實施新規則的前幾個晚上簡直是可怕極了！但是凱莉仍然堅持，而且開始跟米亞一起在飯前做一些特別的事情。即使只是做一些一對一的遊戲、一個好玩的活動，或者是沿著街區很快地散個步，對米亞來說，已經可以解開她在晚餐時間看《粉紅豬小妹》的連結，而且很正向地轉移到用餐時間。幾個禮拜之後，凱莉能夠讓米亞在晚餐桌上吃飯了——而且不需要 iPad。

不正常的飲食

與孩子的螢幕使用習慣有關的健康風險不只有肥胖而已，不正常的飲食也是。不正常飲食描述的是與餵食或是飲食障礙相關的許多（但非全部）行為，像是厭食症、暴食症、與／或狂食症。對一些青少年來說，不正常的飲食可能導致相當嚴重的健康問題。

在一九九五年與二〇〇五年間，不正常飲食的普及率在男性與女性之間，都已經有兩倍的成長。貝克（Becker）與其他研究者的研究顯示，使用媒體與危險的減重方式有關。這個研究檢視了觀看電視節目對斐濟青少女不正常飲食態度與行為的影響。這個研究發現：在電視進入人們生活幾年之後，有百分之十五的女孩已經使用了催吐來減重，許多女孩不想像她們圓胖的母親跟嬸嬸那樣（如同他們之前所做的），而是想要看起來像熱門電視節目裡面的人物。

很悲哀的是，不正常的飲食有時候會被流行媒體以及社群網站美化了。讓這個問題更複雜的是：孩子們很容易就接觸到這些推廣不健康飲食方式的網站。

身為父母親，當孩子在媒體上看到這些的時候，我們必須要注意並跟孩子們討論不健康飲食習慣的發生率，還要不斷地強調媒體上所描述的健康飲食案例。這也是為什麼我們要盡量地與孩子共同觀賞的另外一個重要原因。

本章精華回顧

在數位時代裡，如何促進良好的營養攝取：

- **食用必需脂肪酸：**鼓勵年幼孩子食用必需脂肪酸，並減少不健康脂肪的攝取。
- **在孩子看電視或電影的時候，提供健康的零食：**這樣孩子就比較不會想要吃一些沒有營養或高卡路里的食物。
- **教導孩子辨識廣告：**因此他們就不會是被動的消費者。對我們成人來說廣告是很明顯的，但是孩子常常不能夠分辨廣告與節目之間的區別。廣告也可能是隱藏式、潛意識地將產品置入電視節目以及網站裡。
- **不要跟媒體一起吃飯：**偶爾看電視吃飯是無傷大雅的，但是如果每天晚上都是如此的話，我就不建議。從一個健康與福祉的觀點來看，可以在餐桌上一起說話聊天的好處，是不能夠被低估的。
- **討論不健康飲食習慣：**討論那些在網路上瘋狂分享的不良飲食習慣。

有許多的應用程式跟網站會推廣健康的飲食習慣，我們需要確保它們是依據最新近的研究，而且從可靠的資源而來。我們也需要注意到：科技是如何藉由廣告不健康的食物、零食模式、跟螢幕一起進餐，以及推廣不健康飲食習慣的方式，妨礙孩子的營養。

下一章會檢視在數位世界裡最佳發展的第七個基石——執行功能技巧。這一章也會探討科技是如何塑造我們大腦負責衝動控制、記憶與做決定的部位。

第9章 基石七：執行功能技巧

我們越來越擔心，在數位時代，執行功能技巧的發展正在改變之中，因為我們遭受到感官刺激以及資訊的不斷轟炸，而啟動了我們較原始的腦部位。

在我們孩子的額頭後方，就是腦部的執行長「前額葉皮質」，這是執行功能技巧發展之所在。這些技巧提供孩子認知的控制，讓他們能夠抗拒衝動、聚焦在工作上、不分心，也能夠做連結、下決定以及解決問題。

越來越多的研究者發現：孩子發展執行功能技巧的能力，能夠可靠的預測他們未來的學業成就，還可以預測其一生的成果。

身為一個有效率的學習者，要比背誦數字、辨識形狀、字母與顏色來得重要。為了要成為有效率的學習者（而且過有生產力的生活），孩子需要能夠與其他人合作、在分心的情況下工作（數位世界裡有許多讓人分心的事物）、保留與存取資訊、彈性思考及因應多方的要求（同樣的，目前有許多數位的干擾），這些都是構成執行功能技巧的許多技能。

就像本書中所探討的所有基石一樣，科技可以支持或是阻礙執行功能技巧的發展，端賴於年幼孩子是如何使用它們的。

什麼是執行功能技巧

執行功能技巧是一套基本、通用的技巧，孩子需要它，讓自己在學校以及其他的地方成長茁壯（而不只是存活而已）。就像是飛航管制系統一樣，孩子需要處理不同來源的資訊，知道要聚焦在哪一方面，基於自己的觀察以及新的資訊來調整工作、回想並應用細節，以及評估他們的行動。基本上，這是一個同時聚焦在多重資訊的能力，然後在必要時，能夠做修正以及重新調整計畫。

執行功能有三大元素，它們包括：

- **抑制控制（inhibitory control）**：常稱之為「自我控制」（self-control）或者是「衝動控制」（impulse control），是一種可以監控感受與注意力的能力。
- **工作記憶（working memory）**：這種能力讓孩子在一段短時間之後，能夠保留、操作以及回想一些資訊。
- **心智彈性（mental flexibility）**：牽涉到孩子能夠調整自己的思考來符合不同的情境。

孩子要能夠專注、保留以及處理資訊。在過程中，他們

就像是飛航管制系統一樣，孩子需要處理不同來源的資訊。

也需要過濾掉那些讓他們分心以及多餘的資訊，迅速轉換工作。這些是複雜的技巧，而且人們日益擔心，在數位時代，這些技巧的發展正在改變中，因為我們受到感官刺激與資訊的不斷轟炸，而這些會啟動我們大腦的較原始部位（見第二章有更詳細的說明）。

執行功能技巧的運作

在幼稚園的教室裡，湯姆跟他三個同儕被分配到同一組，要在 iPad 上進行問題處理的活動。湯姆需要：

- **回想**老師給他們的指示以及活動的規範（工作記憶）。
- 依據其他成員在 iPad 上的言談與所作所為，來**調整**自己對活動的貢獻（心理彈性）。
- 如果他對於所分派的工作沒有興趣時，就**使用**老師要他用的應用程式，而不是看著其他人（衝動控制）。
- **學習**在團體中有效地做好自己的職責（自我控制）。

執行功能技巧的發展時期

孩子不是生來就有執行功能技巧的，但是可以很明確地教導他們，這也是我們身為父母親以及教育者的職責——讓孩子發展這些技巧。我們能夠藉由建立以及增強例行公事、示範良好的社會行為，以及創造支持性與可預測的關係來做到。

執行功能技巧在學步兒或是學齡前兒童時期紮根，在四到六歲時（學齡前年紀）達到發展巔峰，這正是我們常常鼓勵孩子去展現自我控制（抑制控制）以及聚焦於遵循諸多步驟的指示（工作記憶）的時候。

執行功能技巧在整個青少年期會持續發展，但要到成年早期才會發展完全，這是因為前額葉皮質（負責大部分的執行功能）要到成年早期才發展完全之故（這是腦部最後髓鞘化的部分——髓鞘是包覆軸突的白色脂肪）。女性比男性更早發展（這是為什麼男性發生致命性車禍的比例遠高於女性，他們的衝動控制尚未發展完全）。

科技如何協助孩子的執行功能技巧

有意識地使用科技，事實上可以增進孩子的執行功能技巧，特別是科技可用來支持孩子的工作記憶、衝動控制以及心理彈性。

工作記憶

特殊設計的電腦遊戲，可以教導孩子如何專注。阿許門伊斯特（Ashman-East）所做的一個研究想要確定：經由針對工作記憶的電腦化認知訓練，低成就的學齡兒童是否能夠在數學成就（標準化測驗）與工作記憶上有顯著的改善。他發現，接受漸進式的電腦化工作記憶訓練的組別，與只接受基本電腦工作記憶訓練的組別，有明顯的差異。

衝動控制

科技可以藉由教導孩子管理自己的注意力，協助孩子改善衝動控制。教育者及研究者希望利用遊戲的優勢當作教育工具，特別是針對數學與科學這類常被視為較困難或無聊的科目領域。「將教育遊戲化」是教育者一直在尋求的一個方式，運用數位工具的優勢，讓學習者投入這些科目領域。

老師們也承認科技提供孩子學習的正向潛能。二〇一二年的一項研究中，調查兩千五百位老師，老師們承認「立即存取資訊」及「在工作項目之間靈活移動」的能力，可以增進孩子的學習。學生可以更迅速、有效地運用科技來存取資訊，反過來，就可以維持他們的專注力。

正念的訓練可以增進孩子的情緒、社交與生理健康及福祉。

教導正念

正念的練習已經在西方文化中日漸流行。有相當引人注目的爭論，也有越來越多的研究關注在這個議題上，一些期刊如《科學》（*Science*）、《美國心理學協會》（*American Psychological Association*）、《臨床心理學回顧》（*Clinical*

Psychology Review）以及《精神醫學研究》（*Psychiatry Research*）都提供了證據，證明使用正念對年幼孩子的效能。

就如同威爾（Weare）所提出的，兒童正念的效能研究仍在起步階段，而目前從神經科學以及腦影像的研究發現，正念的訓練是可靠的，且深深地改變腦部的結構，增進思考與感受的品質。特別是它能夠協助孩子管理自己的衝動、引導他們的注意力。這些證明總結指出，正念的訓練可以：

- 增進孩子的情緒、社交與生理健康及福祉。
- 協助孩子管理他們的行為與情緒。
- 減少壓力、焦慮以及睡眠的問題。
- 增進認知的表現以及執行功能技巧。

研究已經證明，正念訓練協助孩子與自己的經驗接觸，並且活在當下。開發這樣的覺察與靜坐的能力，對於今天承接忙碌數位世界的孩子來說，是非常關鍵的。經由正念的訓練，孩子可以學習自我內觀與思考清明，更能夠體驗情緒的穩定性，也有更好的專注力以及韌力。

很嘲諷的是，有一些聰明的應用程式，會教導孩子冥想與正念，「微笑心靈」（Smiling Mind）以及「超級伸展瑜伽」（Super Stretch Yoga）就是兩個非常受孩子歡迎的例子。也有與這個領域相關的許多免費 YouTube 影片以及網站，而有鑑於正念練習的重要性越來越受到關注，相關訓練還會持續擴展。這些網路的正念冥思訓練，是利用科技來教導正念的一種好方式。

心理彈性

心理彈性與適應不可預期的事情有關。孩子需要學習從容應對，或從另外的角度來思考。就像其他的執行功能元素一樣，心理彈性也可以透過科技來增強。

戴維斯（Davis）與其他人所發表的研究已經顯示，身體活動、電腦化遊戲以及特別修改的學校課程，可以增進四到十二歲孩子的認知控制技巧。電腦遊戲可以讓孩子在無法同時執行的眾多要求之下，發展快速切換工作而不犯錯的能力。在二〇〇二年與二〇一四年間所發表的三個研究已經發現，電腦遊戲可以增進年長學生的心理彈性，年幼的學習者也可能複製出同樣的結果。

科技如何妨礙孩子的執行功能技巧

如果未適當使用的話，這三方面的執行功能技巧——衝動控制、工作記憶與心理彈性——可能會被科技所妨礙。在這一小節將會勾勒出一些簡單的方式，讓我們可以確定在數

孩子需要學習從容應對，或從另外的角度來思考。

位時代，保留以及促進孩子的執行功能技巧，特別是我將檢視這些科技是如何塑造孩子的衝動控制以及工作記憶的。

衝動管理

很關鍵的是：我們的孩子要學會管理他們的衝動。他們需要過濾自己的思緒以及衝動，才能夠抗拒誘惑與讓他們分心的事情。在教室裡面，孩子仰賴這種技巧，才能等候老師叫他回答問題，也不會大聲嚷嚷；也是靠著這種技巧，孩子才能克制自己，不對傷害或阻撓他們的同儕動手或大吼。

在數位時代保持專注

身為人類，我們的腦部能力有限，然而我們的腦袋卻要在不斷受到科技所分心的世界中操作。我們一直受到警示、通知以及閃光的攻擊，讓我們從手中的工作轉移注意力，而科技有可能會一直不斷地讓孩子分心。

停下來想想看，我們的智慧手機螢幕首頁有多少應用程式。我有一個照相機、日曆、網路瀏覽器、電子書、音樂播放器、天氣應用程式、電子郵件以及相簿，這些都會讓我注

在數位時代裡，注意力
是有限而且不可再生的
資源。

意力分散。再加上我收到簡訊或者是來電時的震動，紅色的圖標告訴我有三十九封未讀的電子郵件，或者是咻的一聲告訴我推特又更新了，或是我在其他社群媒體上被提起。我生活在一個持續分心的狀態下。

現在想想，許多的數位產品、螢幕以及科技，鬧哄哄的吵著要吸引我們孩子的注意力，人們日益擔心孩子的注意力可能會因為受到周遭數位科技的干擾而下降。在孩子衝動控制的前葉額皮質區發展之前，如果他們腦部的感知區持續被啟動的話，孩子可能會一直分心。

如果我們的孩子要在數位世界裡面成長茁壯，他們需要學習如何管理他們的注意力，這對於二十一世紀的孩子及成人來說，也是非常關鍵的技能。傑森・席爾瓦（Jason Silva）提出：在數位時代裡，注意力是有限而且不可再生的資源。孩子需要學習如何避免外在讓他分心的事物（像是社群媒體的提示音，或是書籍應用程式裡面的背景音效和動畫），他們也需要學會如何去管理內在、自我引發的一些分心情況（一些與手邊工作無關的心思）。

如何在平板電腦上設立限制，協助孩子維持注意力

在跟孩子一起使用平板電腦時，要設定「引導使用模式」（Guided Access，iOS 系統）或是「兒童專區」（Kids Corner，Android 系統）。這個功能可以讓父母親或者是教育者鎖定孩子進入一個應用程式，防止他們啟動另一個應用程式，或

者防止孩子在幾分鐘之後，跳進更吸引他們的其他地方。這個功能會教導孩子專注在一件事情上，而且從頭到尾將一件事情完成（而不會因注意力衰減而在應用程式之間跳來跳去）。

鑑於科技演變得如此快速，最好能去搜尋最新的教學影片，上面會示範如何在特定裝置上設定「引導使用模式」或是「兒童專區」。

孩子的注意力改變了嗎？

在這個數位時代，凡事似乎都加快了腳步。速度可以獲得報償而且備受推崇，而我們也渴望更快速的網路連線、更快的下載速度，可以立刻存取。

甚至電視節目似乎也模仿這種快步調的數位世界，鏡頭切換越來越快，來攫取我們的注意力。包德威爾（Bordwell）的研究指出：在一九三〇到一九六〇年代所製作的電視節目，場景每二到四分鐘變化一次，但是今天的電視節目每四十五秒轉變一次（如果沒有更快的話）。

目前就科技對孩子注意力的影響沒有長期的研究，然而從教育者那裡所耳聞的證據，足以說明這是一個很嚴重的問題，的確需要更進一步的調查。在二〇一二年，由「Pew 網際網路與美國生活計畫」（Pew Internet & American Life Project）與「常識媒體」所做的兩個不同研究顯示，老師與父母親擔心孩子的注意力技巧在數位時代日益消減。接受調查的兩千五百位老師當中，有百分之八十七相信新的科技已經造就「注意力很短的易分心世代」；此外，有百分之六十四的老師們相信，今天的數位科技「更能夠讓學生分心，而不是在學業上協助他們」。另外一個由「常識媒體」所發表的研究發現：有將近四分之三作答的老師相信，科技「已經嚴重或者多多少少傷害了學生的注意力」。

大家所共同的擔心是，現在孩子的注意力，在工作幾分鐘之後就會飄移（身為成年人，我認為我們許多人也注意到了同樣的情況，在我們一邊聽著影片的聲音或者是看電視的同時，也在搜尋網路、檢視電子郵件）。

同時做多項工作

人類是無法同時進行多項工作的。當我們只專注在一件事情上時，會更加有效率。對我們的大腦來說，要同時處理兩項工作是不可能的。一個二〇〇九年由歐弗（Ophir）、納斯（Nass）與瓦格納（Wagner）所做的研究發現，多項工作讓孩子的工作記憶超載，導致疲倦、注意力分散，強迫他們只是膚淺地處理資訊，是預測憂鬱及焦慮症狀的指標。

個案研究

彼得將耳機插上，一邊聽著音樂，一邊在遊戲機上玩「我的世界」，而背後的電視機也開

著。他嚴正地向父母親與老師保證說，他可以同時做這些事情，而且做得一樣好。他真的相信自己可以做得更多、更快。

這就是我們所稱的「工作轉換」，但是彼得無法同時進行多項工作，他只是持續地維持局部的注意力，從不同工作中迅速地轉移他的注意力。

打破科技迷思

迷思：今天數位時代的孩子，可以用科技同時做多項工作。

事實：在媒體上同時做多項工作，阻礙了孩子的學習與注意力。

一個二〇一〇年的研究發現，八到十八歲的孩子，平均每天花在媒體上的時間是七點五個小時，然而這個數字，加入在媒體上同時做多項工作的因素之後，每天就超過十個小時。

即使孩子認為他們能夠同時做多項工作——一個羅森（Rosen）、開瑞（Carrier）與啟文（Cheever）所做的研究發現，青少年相信他們能夠同時做六到七項工作——事實上他們只是轉換不同的工作項目（心理上快速游移於不同的工作項目之間），卻不是同時在做這些工作。

同時做多項工作會妨害工作表現，特別是對於需要同時做多項繁重工作的人而言，更是如此。同時做多項工作也有認知上的損失，它破壞了我們的專注力、增加犯錯的機率、也降低學業上的表現。多項工作同時進行也會造成疲倦，因為它會消耗儲存在前額葉皮質區的葡萄糖，並且增加了壓力荷爾蒙（皮質醇）的產生。因此，孩子常常在同時做多項工作以後，會覺得精疲力竭或思緒混亂（而我們成人也是如此，這就說明了在同時做多項工作、忙碌一天之後，你會神智不清的情況）。

當孩子在轉換工作項目時，他們的海馬迴（腦部負責記憶的部分）不會處於最佳的運作狀態，而且會損害學習（尤其是要將資訊從短期變成長期記憶的相關鞏固工作）。舉例來說，當我們一邊學習新資訊，一邊進行許多工作項目時，資訊會進入孩子的紋狀體（striatum，腦部儲存「過程」以及「技術」的部分，而不是「想法」及「事實資訊」的部分）。然而，當孩子不是同時做多項工作時，資訊就會進入他們的海馬迴（在那裡進行組織、分類，以備稍後回想之用）。

同時進行多項工作顯然也會讓我們的工作記憶超載，及注意力分散——也是憂鬱情緒與社交焦慮的預測指標。同時進行多項工作也可能造成疲憊及粗淺而表面的資訊處理。同時進行多項工作的孩子，會略過一些材料，致使他們無法與內容做明智與持久的連結，而造成不夠深入的了解。

尼可拉斯・卡爾（Nicolas Carr）將這種膚淺的處理過程比喻作騎水上摩托車的人。在他的書《網路讓我們變笨？數位科技正在改變我們的大腦、思考與閱讀行為》（*The Shallows: What the Internet is Doing to Our Brains*，正體中文版由貓頭鷹出版社出版）裡，卡爾提出：我們閱讀、處理網路的資訊與閱讀書籍或報紙（靜態媒體）的方式不同。他寫道：「以往我是在字彙的海裡潛水，現在我就像一個騎水上摩托車的人，沿著海面快速移動。」

持續的局部注意

當孩子試圖要同時進行多項工作時，他們事實上只是進行快速轉換工作項目的動作而已，會造成持續局部注意（continuous partial attention, CPA），就是將注意力分散在多種資訊管道上，但只維持在表面的程度。孩子會分散他們的注意力在不同的工作項目上，也在周遭的刺激裡掃描吸引他們注意力的機會。

在數位的世界，這種吸引注意力的誘惑一直都在持續，而且以不同的模式（影像、聲音、動畫）進行著。孩子會掠過表面，推斷最重要的資訊，然後在他們的注意力已經被喚起之後，移往下一個資訊源。這顯然會影響到孩子反思、批判思考與深入處理新想法的能力。

我們人類的腦部無法在不同資訊的轉換下，做最佳的運作。事實上，研究已經證實持續局部注意會影響學生的學習。依據在二〇〇九年與二〇一〇年所發表的研究，當學生的注意力被

科技小撇步

鼓勵做單項的工作（而且教導孩子同時進行多項工作是「用詞不當」）。既然腦袋不能夠同時做多項工作，我們就應該鼓勵孩子一次只使用一個科技來源，而且將注意力投入在那個科技產品上。

消耗、面對超載的資訊時，他們的學習就受到影響。

二〇〇九年史丹佛大學的一個研究，對於同時從事多項工作對學生學業表現的危害，也提供了相當明確的證據。同時進行多項工作時，學生就不與內容產生明智與持久的連結，造成對他們所處理的資訊不夠深入了解。

只是少量的這種掃描，並不一定會產生傷害，但是過了一段時間，可能就會導致排山倒海來的感受、過度的刺激以及沒有完成的感受。學生常常處於追求另一個快感的狀態，因此就會一直被干擾、分心。

在數位時代如何發展孩子的專注技巧

安排與大自然接觸的時間：接觸大自然的時間可以讓孩子的大腦平靜；在大自然裡的時間（也就是綠色時間）已經證明可以恢復孩子的注意力，而且改善他們資訊處理的技巧。恢復注意力的理論提到，接觸大自然的時間也可以增加神經傳導物質「多巴胺」的釋出，以及降低壓力。孩子需要時間遠離螢幕以及數位小工具，做有效的學習。如果沒有靜下來的時間，孩子

發展深度思考的祕訣

孩子處理網路資訊的方式，有異於處理傳統媒體（書籍與印刷品）的方式。他們會瀏覽文章的一小部分，在看文章前會先找標題，或是先被圖片吸引。這種情況有時候被稱之為「思考的斷續品質」。如果我們要孩子從事潛水式的思考，最好是把那些資訊印出來，讓他們閱讀，而不是讓他們直接在螢幕上閱讀。

就不能夠得到鞏固記憶所需要的資訊處理時間。這對於要讓短期記憶發揮功能是非常重要的過程。

- **單一工作，不要同時做多項工作：**訓練孩子一次聚焦在一件工作上（不管有沒有使用螢幕）。教導孩子這句箴言：「一次做一件工作是最棒的。」
- **教導孩子刻意的使用科技：**要孩子在特定時間、專心一致地使用科技產品，而不是像沾醬油那樣不斷的進出，這是很容易做到的。
- **關閉警示訊號：**將孩子所使用的數位產品上設置的警示及通知訊號關閉。也要注意：我們行動電話的警示訊號，也可能會破壞孩子的專注力。
- **指定一些沒有科技產品的區域：**在家裡面（或教室裡面）指定一些不讓科技進入的區域，孩子需要退回到一些沒有科技干擾的區域。
- **減少壓力：**壓力可能會干擾孩子的注意力。為孩子的壓力提供一些出口，像是探索正念練習與冥想，也要鼓勵孩子定期從事體能活動。

- **使用科技的協助：**如果孩子使用電腦或筆電時，無法克制自己不上某個網站（舉例來說，他們會打開「我的世界」而不是「數學家」），那麼可以下載一個應用程式，讓你能夠指定時間無法連線到某些網站（對成人來說，這個方式也很棒，如果你發現自己本來要回電子郵件，結果卻在看臉書或 eBay）。可以試試「自我控制」（Self-Control，Mac 系統）或是「自由」（Freedom，Mac 或 PC 系統）這兩個應用程式。在使用平板電腦的時候，鼓勵孩子一次只做一件事，或者是設定「引導使用模式」（Guided Access，iOS 系統）、「兒童專區」（Kids Corner，Android 系統），來教導孩子在跳到另外一個應用程式之前，先完成一個應用程式。
- **坐而言，起而行：**如果我們的注意力被分散，就不能夠讓自己回到當下、與孩子做有意義的相處。因此，在看電影的時候，把手機關掉；在回簡訊的時候，也不要試著去檢查電子郵件。一次只做一件事，而且也要有足夠的「無螢幕」時間。

工作記憶

就像衝動控制一樣，我們的孩子沉浸在數位產品裡，這也改變了他們的記憶技巧。

「資訊肥」與谷歌效應

你能否想起超過三個電話號碼？你能夠不靠地圖應用程式而記得五個步驟的導引嗎？因為

科技之故，我們成人的記憶能力正在改變，孩子的記憶技巧也是一樣。

資訊很便宜，造成孩子不認為資訊很有價值，因為答案很容易就可上網取得。「去 Google 一下」這句話已經變成今天日常用語的一部分了。

孩子住在一個「資訊肥胖」的時代，他們每天吸收了龐大無比的資訊。列維廷（Levitin）宣稱：在二〇一一年，我們每天攝取的資訊（大概是每天一百七十四份報紙的資訊量）是一九八六年的五倍——而當科技越來越進步時，這個數字正成倍數地急遽成長。我們實質上是淹沒在資訊裡，而且很悲哀的是，我們的孩子也是如此。當孩子一直受到新資訊的轟炸時，可能會讓他們處於「認知超載」的情況。

結果，孩子並不會把事情記下來，反而一直在做「認知卸載」的工作——將事情交給科技，這樣就不用自己記。孩子通常也無法回想資訊內容，但是會記得用谷歌要輸入什麼關鍵字可以找到同樣的資訊。

「谷歌效應」（Google Effect）一詞最早是於二〇一一年由哈佛的心理學家丹尼爾・韋格納（Daniel Wegner）與亞德瑞恩・華德（Adrian Ward）在研究中所創造的。

谷歌效應是一種現象，解釋了當我們相信上網就能找到，因而越來越不容易去記下一些細

節。我們不去回憶事實及細節，反而會去回想谷歌搜尋（或其他的搜尋引擎）上所使用的關鍵字和搜尋字串，作為稍後存取事實與資訊之用。研究者解釋，我們將網際網路當作我們的記憶夥伴——我們將一些記憶與枝微末節卸載給科技。

個案研究

茉莉已經任教二十八年了。她最近注意到她的學生回想乘法表的情況正在下降：「今天的孩子就是不能夠像以前那樣，記起乘法表與基本的算數事實。他們的記憶技巧是這麼差，我告訴他們要練習背誦九九乘法表，他們卻告訴我，需要的話用計算機應用程式就可以了。」

數位癡呆

孩子將越來越多的心智工作交給科技。我們的擔心是，一些孩子正遭受「數位癡呆」（digital dementia）之苦。這個名詞是由德國的神經科學家曼弗瑞德・史畢茲（Manfred Spitzer）在二〇一二年所發明的。科技癡呆描述的是我們過度使用科技產品，導致了認知能力的崩潰，就像是那些頭部受創或者是罹患精神疾病的病人那樣。

孩子的「認知卸載」可能會導致推理與記憶技巧發展不完全。孩子只是卸載這麼多的事情給他們的數位產品，導致他們並沒有發展自己的記憶肌肉。

在一方面，顯然我們孩子的大腦越來越足智多謀，而且對於需要記憶的東西更具有選擇性，他們的大腦對於所儲存的資料非常有效率。這種認知卸載意味著他們可以釋放他們的認知資源，來做更重要、更高層次的思考技能。

但是另一方面，這也代表了孩子就是無法發展他們的記憶肌肉。有些細節的確需要死背、記憶，但是就像身體的其他肌肉一樣，我們的記憶必須要經常地練習，才能夠達到巔峰狀態。

在數位時代，發展孩子記憶技巧的可行祕訣

我們可以做許多的事情，來確保孩子使用與拓展他們的工作記憶技巧。

鼓勵孩子：

- **對資訊做反應：**舉例來說，在他們看過電視節目之後，問他們一些問題，或是在他們看完 YouTube 的片段之後，請他們寫下三件事實。孩子需要處理他們所接收的資訊，而不只是吸收而已。在他們使用科技產品之後（或中間），我們要求孩子做反應，代表讓他們可以積極參與，而這可以阻止科技的殭屍效應。

- **享受音樂、歌唱以及舞蹈：**教孩子唱一些有趣的歌曲以及旋律，來建構他們的工作記憶。
- **玩猜謎遊戲：**好的、老式的猜謎遊戲（及電腦猜謎與應用程式），能在一個非常有趣的環境下，建構工作記憶技巧。策略以及邏輯的遊戲，對於年長的孩子來說也是很棒的。
- **玩體能、棋盤、紙牌或者是電動遊戲：**這是孩子必須要訂立及遵守一套規則的遊戲。這些活動需要工作記憶與衝動控制的技巧。
- **說故事：**孩子喜歡聽故事，也喜歡說故事，這也可以發展他們的工作記憶技巧。有聲書是非常好的數位資源。
- **閱讀真正的書籍：**可協助回憶。
- **以一種無結構的方式玩耍，尤其是戶外活動：**這當然是孩子最自然的學習方式，他們需要使用大量的認知、社交及體能技巧，而且可以發展他們所有的執行功能技巧。
- **列出記憶清單：**挑戰孩子到店裡面去買五樣東西，讓他們記在腦袋裡。慢慢地增加清單的長度。我們也可以運用其他的清單，訓練孩子去回憶。
- **做有機的搜尋：**不要總是仰賴谷歌，試著去記下一些東西。
- **參與體能活動：**運動可以刺激腦部以及身體。

- **學習一個新的語言或樂器：來發展孩子的工作記憶技巧。**
- **教導及練習正念或冥想：能夠平息外面的世界，真正地體驗當下的直接感受，而不總是經由螢幕來體會。**

本章精華回顧

在數位時代，如何支持執行功能技巧？

- **有意識的使用科技：**在心中有一個目標，而且有設定的使用時間。
- **不鼓勵同時做多項工作，教導孩子如何做單項工作：**也要以身作則。盡可能一次只做一件事。
- **教導正念技巧：**開始開發一些方式，讓自己「臨在」、體驗當下。跟孩子一起做一些正念的訓練，在跟孩子互動時，關閉數位產品（或至少轉成靜音）。避免以數位的方式記錄每天的經驗。
- **讓孩子有時間玩耍：**這對年幼孩子來講，是發展執行功能技巧最自然、最有效的方式。

我們普遍都感覺到生命的步調越來越快，這也是為什麼孩子的注意力與記憶技巧正在改變的一個原因。我們需要教導孩子——而且以身作則——將步調慢下來，同時管理自己的注意力以及記憶。

持續過著一種瘋狂步調的生活並不能持久，而這樣的生活方式也不是我們渴望或尊崇的（我們真的需要同時在電腦上打開二十個瀏覽器嗎？）正念訓練是很簡單卻高效率的方式，對於承接一個忙碌數位世界的孩子來說，是相當重要的技巧。

孩子的科技習慣會影響他們衝動控制技巧的發展與注意力的管理。發展孩子的執行功能技巧，對於他們的學習以及發展是非常重要的，而且可以很明確地教導他們，這是我們可以教給數位時代的孩子最重要的技巧。

下一章將檢視一些實際可行的方法，經由建立以及執行健康的媒體習慣，我們可以協助孩子與科技形成健康又持久的關係。

第10章 發展健康科技習慣

身為父母親，我們需要設立有關螢幕使用時間的堅固界線，那麼孩子就可以與科技產品形成健康的關係。

在談到科技產品時，孩子需要節制而不是禁止。他們需要一種數位的飲食習慣，讓他們可以學會小心地管理每天使用數位產品的劑量。身為父母親，我們的當務之急就是要指導孩子如何做數位選擇，此即澳洲註冊心理學家喬瑟琳・布魯爾所稱的「營養的科技」（nutritious technology），並限制他們攝取垃圾食物。

就像過度飲食會造成一些後果，科技的超載也可能會妨礙孩子社交、身體、情緒與智能的發展。這一章將會探討健康的數位習慣如何呈現在年幼的孩子身上，也會提供一些祕訣與想法，說明父母親與教育者可以做的一些簡單的事情，來建立家裡或是學校的健康習慣；還會探討不健康的數位習慣，像是上癮以及科技的鬧脾氣，讓父母親備有簡單的策略，來減少這些事情的發生；也會探討如何去訂定一個家庭的媒體計畫，讓我們可以確定孩子的螢幕使用時間不會對他們的發展有害。

什麼是科技習慣

科技習慣是孩子在科技周遭所形成的一些模式，也就是孩子使用了什麼科技，何時、跟誰、在哪裡，以及為什麼使用科技產品。在塑造年幼孩子的數位習慣上，父母親與教育者扮演了非常重要的角色。我們必須要在孩子早年的時候，或是在孩子可能會與科技形成有毒（不健康）的關係之前，將之修正，要不然可能會導致後來的問題或是心理上的議題。

科技上癮

父母親常常會抱怨說：「我的孩子對科技上癮了。」孩子很不情願與科技分離，已經讓許多父母親擔心，他們的孩子是不是已經上癮了。不可否認的，有些小孩已經對科技產生依賴，要他們把那些科技產品關掉，或是要求他們到戶外去玩，他們通常不願意，或是有「科技的鬧脾氣」，但是這並不是指孩子一定會對科技產品上癮。

在我們進入上癮的話題之前，想一想：如果我們的孩子花了很多時間閱讀書籍，我們會這麼擔心嗎？我們會不會很自然地認為他們對書本上癮了？通常我們會擔心螢幕使用的時間，是因為它是新穎的，而我們孩子的數位化童年與我們自己所熟悉的童年已經大不相同了。我們對自己童年的懷舊描述，造成我們對孩子的科技習慣感到恐慌。

打破科技迷思

迷思：學步兒會對科技上癮。

事實：學步兒沒有對科技上癮，他們只是與科技之間形成不健康的依附關係，而在某些情況下，他們是依賴科技的。

我不相信八歲以下的兒童會對科技產品上癮。他們當然會與科技產品之間形成著迷或強迫性的關係——他們為了要我們將智慧手機還給他們所造成的「科技鬧脾氣」是很激烈的（我也已經平安度過那個風暴期了）。但這並不表示孩子一定會上癮。上癮是一個行為違常的狀況，而年幼孩子仍然在發展他們的行為。

然而年幼孩子當然會對科技有所依賴。就像是藥物依賴一樣，孩子可能會發展出對科技的耐受度，導致需要越來越多的接觸科技時間才能達到同樣的愉悅效果。如果他們突然停止或不能使用科技產品時，也會經歷戒斷症狀（withdrawal symptoms，這是腦部神經生物學的改變）。這是依賴，不一定是上癮。

如果將使用科技產品視為上癮行為的話，孩子即便了解延長使用會有不良的後果，還是會有意識地選擇繼續使用科技產品。但是年幼的孩子還不知道或並不完全了解，他們延長或是過度使用科技產品，可能導致不良後果（另一方面，年長的孩子、青少年以及成人，一般說來，是了解他們行為的後果，而使用科技是他們出於意識的抉擇）。

八歲以下的孩子，自我約束的技巧還不夠熟練，因為他們的前額葉皮質（這裡是執行功能技巧，像是衝動控制、做決定以及記憶之所在）仍然在發展之中。這些重要的執行功能技巧，是管理科技使用習慣所需要的。大部分年幼的孩子仍然在學習如何做決定與管理他們的情緒和衝動。

身為父母親，確保孩子了解如何管理科技產品，是我們的責任。

為什麼孩子這麼依附科技產品

腦部連結愉快的部位，常常在使用科技產品時被啟動。就像是我們在生活中所經歷的任何愉快事物（像是吃巧克力）一樣，會讓杏仁核釋出多巴胺（讓人感覺良好的神經傳導物質），而我們自然地就想要更多。

科技釋放情緒的經驗，例如看一個好笑的電視節目、玩電動遊戲或應用程式時，我們因為晉級而受到獎勵，會讓腦部釋放多巴胺，因此孩子很快地就將螢幕與快樂連結在一起。這也是為什麼嬰兒與學步兒，很快地就會使用父母親的智慧手機。

腦部會渴望新鮮的東西，而科技正好持續不斷地提供新鮮感。前額葉皮質區有新鮮感的偏見，也就是說，我們的注意力很容易被劫持（第九章有更詳細的說明）。前額葉皮質是大腦管理我們注意力的主要部位，但是它卻一直被數位世界所提供的感覺大雜燴轟炸、攻擊。

打破科技迷思

迷思：我的孩子已經對 YouTube 上的「開箱影片」上癮了。

事實：你的孩子不可能會對這些影片上癮，但他們的腦部產生了強烈的神經生理反應，驅策著他們的行為。

開箱影片——就是孩子看其他孩子在 YouTube 上拆封新玩具——已經變得越來越流行了。孩子對於修過指甲的手或小手在玩具盒上方游移，慢慢地打開包裹與禮物的影片如癡如醉。開箱影片已經吸引了上千、甚至上百萬的觀眾，而且對於一些影片的創造者來說，是一個非常賺錢的生意。

期待打開禮物，事實上會讓腦部釋放出腎上腺素與腦內啡，因此當他們觀賞著這些影片時，他們會有神經生理反應，讓他們很難將這些影片關閉。

實際上，這些就是很長的付費廣告，它們與傳統的十五秒電視廣告非常不一樣。身為父母親，我們需要非常小心這種間接形式的廣告方式與消費主義。因購物而產生的愉快，也可能會釋放多巴胺（感覺良好的神經傳導物質），而孩子自然想要更多那種感受，因此孩子可能變得非常依賴這些影片。

試著限制你的孩子看這些開箱影片，嚴格限制他們可以看什麼、可以看多少集數；試著與他們一起觀賞，而且詢問他們有關所觀賞內容的一些問題，跟他們討論那些玩具潛在的廣告手法。

年長的孩子會上癮嗎？

超過八歲的孩子可能就會對科技產品上癮，只要他們符合診斷的標準（雖然這些尚未被普遍接受），而且也經過醫學專業人員的評估。科技上癮者會持續使用科技，不管你試圖要讓他們分心、甚至他們不再經歷與原先同樣程度的快感，而且他們明白使用科技的負面結果。他們也常有一些行為模式產生，來避免這種戒斷的感受。

許多父母親會分享孩子對科技產品上癮的故事，而且常被媒體的報導渲染。然而很重要的是要注意：在孩子身上，目前醫學尚未認定這是一種心理疾病。

網路遊戲違常

網路遊戲違常（Internet gaming disorder, IGD）也稱為「病態網路使用」，目前正在進一步調查與研究，來確定它事實上是否為一種正式的心理障礙。目前正在考慮它是否應被視為心理違常而列入《心理疾病診斷與統計手冊》（*Diagnostic and Statistical Manual of Mental Disorders,*

DSM）裡面，而初步的證據顯示，在一些情況下，網路遊戲違常是一種合理的心理疾病。

科技上癮仍然被認為是一種隱形的現象。遊戲或是網路上癮者通常不會出現明顯的症狀，也少有社會結果與他們的上癮行為有關——他們不常惹上警方的麻煩，也不會喝醉酒，然而，通常會有非常顯著的個人損失。在目前這個階段，因為缺乏標準化的診斷標準，因此做正式的診斷是很困難的。但是，科技上癮越來越被認為是一種有問題的心理議題，在一些個案上，有必要去做更多的調查與醫學治療。

在他們二〇一〇年對現存研究證據的回顧描述，查可拉伯提（Chakraborty）、貝蘇（Basu）以及庫模（Kumar）強調，關於網路遊戲違常比率的證據並不一致（在百分之零點三到百分之三十八之間變化），因為當前沒有標準化的診斷標準來做網路遊戲違常的醫學診斷。

現在在許多國家，網路遊戲違常被視為一種重大公共健康威脅，而特殊的治療設備與計畫正在發展之中。小兒科心理學家以及精神醫師注意到，病態的網路使用越來越有問題，特別是對於年紀在十一到十八歲的孩子，玩遊戲以及上社群網站，已經成為他們越來越重要的休閒活動，也有越來越多的孩子在學校使用平板及筆電。

遊戲上癮者通常會說，遊戲的環境是讓他們覺得有力量、被尊敬、被重視的唯一場所，這可能是一個強大的誘因，也是為什麼年幼孩子有時候會體驗到上癮問題的原因之一。這也暗示著：或許，在某些情況之下，網路遊戲違常也可能與其他的心理及情緒議題有關，而不只是一個單一的心理疾病而已。

個案研究

瓊斯醫生是墨爾本的一個小兒科醫生，他目睹有越來越多五到九歲的孩子，呈現尿失禁（UI）的狀況——膀胱控制無力，導致尿液釋出。白天的尿失禁，在孩子三歲前是很平常的，而晚上的尿失禁可能會持續到七歲左右。

瓊斯醫生已經注意到他治療了越來越多白天有尿失禁的年長孩子，初步的一般觀察認為，有些（雖然不是全部）孩子也呈現了一些網路上癮的症狀。顯然的，這裡面的許多孩子太過於迷戀電腦遊戲與應用程式，導致無法有效地控制他們的膀胱，而且在某些情況下，也無法控制他們的腸胃。

單從這些案例不足以證明是科技造成這些問題的，但是已經有足夠的坊間證據提醒我們需要更進一步的研究，以及要父母親留意。

因此，你年幼的孩子可能尚未達到臨床上所謂的科技上癮，但是不能否認的，他們可能會迷戀、參與，或者是受到科技的吸引。許多孩子已經形成了與科技非常強、而且有時候是不健康的依附關係，過了一段時間，這些模式就已經穩固了，而孩子可能會養成不良的媒體習慣。要修正這種情況，他們的行為模式必須要做一些修正。好消息是，腦部非常有可塑性，因此這些依附關係與習慣，都可以被改變（雖然這並不很容易做到）。

不健康的數位習慣

身為父母親，我們需要重新去架構我們的思考或轉念。不要認為孩子的網路沉迷是一種上癮行為，我們需要將它視為對科技的不健康依附與過度使用。身為父母親，在提及網路使用時間的時候，我們需要建立堅強的界線，那麼孩子就能夠與科技形成健康的關係。

個案研究

班是一位十歲的男孩，他喜歡玩「我的世界」。剛開始的時候，他只被允許在客廳的桌上型電腦玩，但是從學校拿到筆電之後，他就開始在自己的臥室玩。放學之後，班會整個下午都待在自己的房間裡，而且只在功課需要協助或是晚餐準備好時，才會偶爾現身一下（即使在那時，要他離開房間也需要一番纏鬥）。

班開始使用多人遊戲模式，跟全世界的其他孩子一起玩「我的世界」，要他停止遊戲去睡覺，變得越來越困難。班的父母親發現兒子每天清晨三點就醒來，好跟他美國的朋友上網連線，更是擔心。

接受心理學家的治療之後，班終於可以修正自己的上癮行為，也養成了更健康的數位習慣。就如同其他網路上癮者（不像藥物或酒精上癮者）一樣，對班的治療目標是「節制」，而不是全然禁絕科技產品的使用。

如果我們以孩子數位習慣的養成來思考，身為父母親與教育者的我們，對於塑造與修正孩子的行為，就被賦予了一種掌控的感覺（不同於只是將他們標籤為對科技上癮）。就改變與塑造孩子的數位習慣而言，是一種更賦能、有力的思考。

紅旗警訊

接下來是一些孩子可能會養成不健康媒體習慣的徵兆，這是根據凱許（Cash）、瑞（Rae）、史提爾（Steel）與溫可勒（Winkler）的研究而來。重要的是要注意，這張清單並沒有提供醫療的診斷，但是卻指出一些科技上癮的可能警訊。如果無論如何，家長還是很擔心的話，最好尋求專業醫療人員的協助。

小心孩子若有以下的行為就是警訊：

- 花太多的時間在科技產品上——對年幼孩子來說，使用科技沒有特定的安全和健康時數。數位產品不應該主導他們整個休閒時間。
- 心裡老是想著科技產品——如果孩子不使用某種科技產品，就無法在任何地方好好坐著、就無所事事，那麼這可能就表示他們有科技的上癮行為。
- 退出社交的場所——寧可使用科技產品。你的孩子是不是在離開螢幕之後，還維持他們的友誼？螢幕有沒有主導他們的遊戲活動？
- 因過度使用科技而睡眠不足，造成疲累、易怒：品質差的睡眠習慣，是不良科技習慣的一個關鍵徵狀。
- 退出或者不再享受他們之前喜歡的一些傳統活動——只會追求螢幕產品上的活動。孩子在休閒的追求上有無突然的改變？（這是非常弔詭的，因為改變與轉變，是兒童發展自然的一部分。）
- 當試圖要減少或停止使用科技產品活動時，會不安、喜怒無常、沮喪或易怒。
- 對父母親、老師或是治療師說謊，或試圖隱藏他們使用科技的程度——或許在半夜醒來玩遊戲，或者把科技產品藏在臥室裡。
- 為了要達到同樣程度的滿足感，需要增加越來越多使用科技產品的時間。
- 使用科技來因應或逃避心理問題。
- 使用科技已經妨礙了他們的學校表現——許多老師提到，在接近放學時間時，孩子會一直看時間，他們急著要趕回家去，繼續在社群網路上玩遊戲（像是「企鵝俱樂部」或是「我的世界」）。

建議擔心的父母親，每天記錄而且監控孩子：一週裡面到底使用了多少的媒體。

處理科技的鬧脾氣

管理孩子的螢幕使用時間，常常會變成尖叫時間。許多的父母親試著要管理孩子的螢幕使用時間，簡直殫精竭慮。事實上在一個二〇一六年由兒童行動（Action for Children）這個組織所做的研究發現，有百分之二十三的受訪父母親要讓孩子從電視、智慧手機及電腦螢幕前面離開，就需要經過一番奮戰。這是數位時代父母親很普遍的兩難之境，而當網路越來越普遍的時候，這也會變得越來越難處理。

為什麼我們那個其他時候行止合宜、適應良好的孩子，在我們要他把電視關掉，或是把智慧手機收回來的時候，會變成「螢幕的氣憤孩子」？

就如同之前所解釋的，當孩子使用科技的時候，他們常常會接收到噴湧而出的神經傳導素多巴胺，因此很自然地，他們想要更多能夠引起正向反應的東西。

對許多成長在數位世界的孩子來說，科技就像氧氣，已經變成他們的常態，他們期待科技，並將之視為一種玩具（而不是一個工具）。許多孩子也覺得這是對的——他們理所當然地認為，只要他們想要，任何時刻都可以使用科技產品。

但是任何的特權後面，都跟隨著責任。身為現代家長與教育者，我們的部分任務就是要教導孩子如何以負責任的方式來使用科技，這就涉及要能夠將它關閉，而且將科技視為一個工具，而不是玩具。

鬧脾氣是孩子發展過程中的一個正常部分

首先，這可以協助你了解為什麼孩子會鬧脾氣。雖然對我來說，這樣子寫是很痛苦的，但鬧脾氣真的是孩子發展階段的一個重要部分。鬧脾氣有助於孩子處理他們的情緒波動，去尋找適當、有效的方式來溝通他們的感受。孩子鬧脾氣常常是因為他們的情緒感受及語言之間無法配合（他們或許還沒有語言的技巧，來解釋他們的新感受或不平常的感受）。

因此，這裡有一些對科技鬧脾氣可能的解釋：

- **心流被打斷**——當孩子沉浸在遊戲裡，或者是在應用程式上潛心創作時，他們通常會進入一種心理學上的「心流狀態」，這時候時間似乎靜止不動了，而他們會完全沉浸在自己正在做的事情上。當他們被要求關掉科技產品時，這種心流狀態被打斷了，致使他們感到挫敗。
- **多巴胺的消退**——當孩子正在玩電腦遊戲或是使用應用程式時，他們常常會受到獎賞和讚美，這會激發他們的多巴胺分泌，他們會被讚許跟酬賞制約，而想要更多的多巴胺。因此，對某些年幼的孩子而言，被要求關掉遊戲或者是平板電腦，會造成多巴胺的消退。
- **語言技巧的缺陷**——年幼孩子還沒有發展語言技巧來表達他們的感受。當他們被要求關掉科技產品時，他們沒有那些字眼可以表達他們的情緒狀態，於是就藉由發脾氣來釋放久蟄的不滿情緒。

避免科技鬧脾氣的祕訣

科技鬧脾氣常常是不可避免的（也是發展過程中正常的一部分）。父母親可以使用一些簡單的策略，來減低它們發生的可能性、嚴重性及／或激烈程度。

1. **訂立與執行嚴格的指引：**有關每天使用的螢幕時間有多少，在他們打開科技產品之前，就要很明確地告訴孩子，一旦他們已經打開了科技產品就太晚了。
2. **聚焦在「量」而非時間長短上：**時間是一個非常抽象的觀念，許多年幼孩子根本還不了解。不要執行時間限制，而是以孩子可以看的集數，或遊戲晉級的程度作限制，這樣孩子比較容易了解，特別是年幼的孩子。
3. **使用計時器：**我們的孩子會跟我們爭論，但是比較不會跟手機計時器或是煮蛋計時器爭論！對年長一點的孩子來說，媒體代幣以及契約是有效的，也可以明確地監督螢幕使用時間。
4. **在孩子需要離開螢幕時給予提示：**在他們需要關掉科技產品時，給孩子足夠的警告。他們可能聚精會神地在做事，要確定他們與你有眼神的接觸，而且知道你說了什麼。

5. **鼓勵孩子自己把科技產品關掉：**這個動作看似微不足道，但這跟我們快速、生氣地把電視螢幕關掉，或是從他們手中拿走平板電腦，是非常不一樣的。如果他們感受到對關掉科技產品是有掌控力時，他們會更願意關掉，同時也給了父母親一些正向的事物來增強與鼓勵孩子。

6. **要有後續計畫：**在孩子關掉科技產品時，要找一個他們喜歡做的活動，或者用一個「無聊黑板」（列出不使用科技時的一些點子），在關掉數位產品之後，他們可以從中選擇一個活動去做。

7. **扮演壞警察的角色：**當我們用盡上述方法之後，還是經歷了一個科技的鬧脾氣，讓他們直接知道後果，例如不讓孩子在第二天享有同樣的特權。這個方法非常有效，因為對孩子來說，使用數位產品的慾望會成為一個強烈動機，尤其是當他們了解這些限制會強力執行時，就比較會遵守。（這與使用科技作為一般處罰的形式是不一樣的。）

我要如何因應科技的鬧脾氣

科技的鬧脾氣通常是發展過程中很正常的一部分，它只是孩子還無法處理的一個情緒風暴。這就是為什麼我們身為父母親的工作是這麼重要！我們需要讓他們知道如何處理這些情緒，而不需要放聲大哭。

記住：由於孩子的生命經驗還有限，他們還沒有後見之明或是災難規模的概念，來處理這些情況。不要認為他們的行為是在針對你，要做理智的處理，而且利用以下的一些建議來協助孩子度過難關：

1. **尊重地傾聽他們的要求**：試著從孩子的角度來看這些情況。這並不是說我們需要對他們的要求退讓，但是我們都想要被聽見。有時候這種鬧脾氣其實與關掉螢幕產品完全無關。
2. **提供再保證以及安慰**：這是我們可以將鬧脾氣當作一個學習經驗之處，協助孩子發展自律的技巧。試著說出他們的感受，而且這麼做的話，也可以建立他們的情緒字彙。舉例來說，或許我們可以說：「我了解你覺得很挫敗，因為媽咪要你把電視關掉。」
3. **不要因為怕丟臉就對他們的要求退讓**：我有過親身經驗，知道屈服於他們的要求（常常是完全不合理的）是多麼具有誘惑力，特別是在公共場合裡。或許這可能緩和當下的情況，但它並不能解決長期的問題，事實上，它只會讓情況惡化。要很堅定，而孩子很快就會知道鬧脾氣不是一個談判工具。
4. **表達我們的感受**：通常這個策略最好使用在脾氣已經消退之後。
5. **避免說「好吧」或「也許」**：我們對於螢幕使用時間的決定要立場堅定，這一點很重要。
6. **一旦脾氣消退之後，討論未來如何處理類似情況較好**：讓風暴過去，然後談談發生了什麼事、未來類似的情況要如何避免。這真的是過程中非常重要的部分。試著鼓勵孩子使用他們的語言，這會建構他們的情緒字彙，讓他們可以因應未來類似的情況。

如果我的孩子已經有了不健康的媒體習慣，我該怎麼辦？

開始執行健康的媒體習慣永不嫌晚！即使你的孩子已經與科技產品形成了一些不健康的依附關係，我們仍然可以介入處理，雖然會困難一些，但是可以辦得到，也非常值得！

如果只是把新的媒體規則與習慣強加在孩子身上，可能是最無效的方式，並無法改善孩子不健康的媒體習慣。我們可以試試以下的方式：

1. **公開討論我們想要執行的改變，以及解釋為什麼改變這麼重要：**如果他們了解我們的理由的話，會比較願意同意我們更動。
2. **讓他們參與這個過程：**如果孩子覺得他們對於情況或者是結果有掌控權的話，他們就更可能參與。
3. **交換活動：**孩子喜歡有所選擇，那麼就給他們一些選項，先從如何選擇可替代的活動開始。使用這樣的策略，訣竅在於活動的選擇：必須是真正能夠吸引孩子的活動。
4. **緩慢地進行改變：**這樣我們的孩子就有時間去適應新的媒體習慣。如果孩子覺得這些改變太大或是太快，就可能會抗拒。

執行健康螢幕使用時間的一個簡單方式

越來越多人關切目前以時間為基準的指南，雖有科學依據卻可能不切實際，也可能太落伍了。於是在二〇一五年，美國小兒科學會更新了他們的螢幕時間指南。

與其限制螢幕使用時間的量，我建議父母親與教育者，將使用螢幕時間想成是孩子整體發展中的一部分，最新的美國小兒科學會的指南也是這麼做。科技不是一個分開的實體或者是附加物，也不是一個玩具或任何我們可以用來作為處罰的東西，它需要被視為是孩子整體發展的一部分。

我們需要把孩子的生活想成一個玻璃罐。他們生活中的每個不同面向——在本書中所勾勒的七個基石（語言、關係、遊戲、活動、睡眠、營養以及執行功能技巧）——就像是一塊一塊小積木。

如果大部分的時間裡，這所有的基石都在玻璃罐裡面的話，剩下的空隙就可以讓螢幕時間來填滿。在這個例子裡，螢幕使用時間就像水一樣，我們可以慢慢地加入玻璃罐裡——只要在七個基石已經加入之後，使用額外的可用空間。

用這樣的方式，所有孩子發展的七個重要基石，就會先進到玻璃罐裡，我們就可以放心，孩子的螢幕使用時間不會妨礙他們的發展，使用螢幕時間的多寡就可以由基石之間的可用空間來決定。

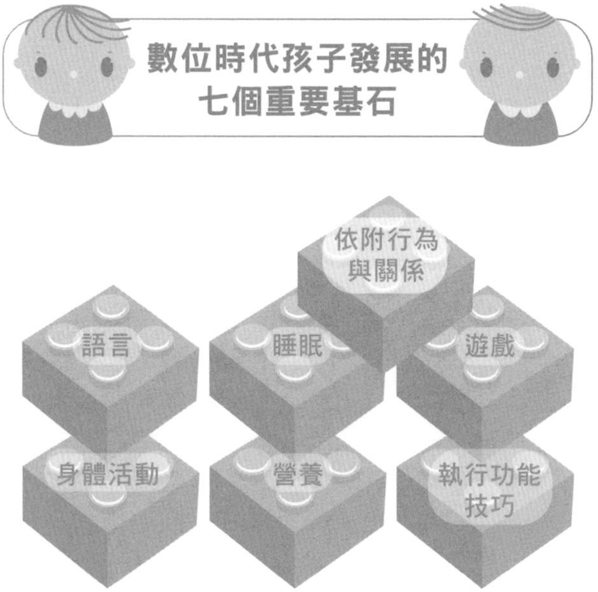

內容才是真正重要的

身為父母親，在協助孩子養成健康的媒體習慣裡，我們扮演一個相當關鍵的角色，就如同我們在協助孩子選擇健康的食物一樣。我們需要協助他們以健康的劑量，來攝取（和創造）健康的媒體習慣。

心理學家喬瑟琳・布魯爾建議，父母親與教育者需要協助孩子攝取科技營養品，減少攝取科技糖果。有高卡路里、不營養的食物（想想那些垃圾食品，像是洋芋片），同樣的道理也適用於科技的選擇上。舉例來說，想想那些沒腦袋的電視劇，或是 YouTube 影片或遊戲應用程式，都沒有教育的優點。不過在這種情況下，偶爾給孩子一丁點兒數位糖果，是不太可能會傷害他們的，當然也不應該是孩子唯一攝取與創作的東西，但是我們可以少量地使用這類數位產品。

然而在某些情況下，你的孩子絕不能攝取數位糖果，對他們是真的不健康。舉例來說，像是暴力電玩以及成人節目，這就很像讓孩子喝酒一樣，是不應該發生的。整體來說，偶爾吃一點點數位糖果是可以的。

顯然，我們想要孩子能夠攝取更有營養成分的科技，也就是科技的營養品。就科技而言，指的可能是具有教育性質的電視與應用程式，或者是經由 Skype 來溝通、用應用程式創作電子書，或者是錄製與編輯影片。我們需要教導孩子如何分辨數位的營養品以及數位的垃圾食品。

在這種情況下，偶爾給孩子一丁點兒數位糖果，是不太可能會傷害他們的。

早一點而且經常跟他們談有關科技的事宜

從我們把智慧手機交出去、打開電視或者是讓孩子使用平板電腦的那一刻起，就是我們需要開始討論數位習慣的時候了。並不需要有任何正式的形式，只是很簡單的對話就可以了。

持續、且以對話的方式，似乎是最有效的。在一段時間之後，偶爾聊聊關於關掉數位產品的事，討論與示範給孩子看，如何以適當而安全的方式來使用數位產品（舉例來說，把行動式產品設成飛航模式，而且不要將它們放在大腿上），就是把健康的數位習慣介紹給孩子的一個好的開始。

孩子即便再小，也可以開始學習健康的數位習慣。事實上，我們越早開始就越容易達成這個目標。我們需要針對科技，持續進行適合年齡的對話。這些顯然會隨著時間慢慢地演進，而且當科技（以及我們孩子的科技喜好）改變的時候，我們需要持續不斷地做這些事。過了一段時間，這些形式以及規則就會變成習慣，而我們也越來越不容易碰到他們不情願的情況。

當孩子越來越獨立，他們接觸螢幕的機會也會越來越多，這可能會增加網路霸凌的危險性，也會接近一些不適宜的內容（像是色情或者是暴力）。如果我們從孩子年紀很小的時候就開始，開放且持續地跟他們討論有關科技的事宜，並對他們上網所做的事情感到興趣，一旦他們有任何不舒服或者是問題的時候，就比較可能會來找我們報告。

但是，如果科技只是純粹在家裡或學校被管理的東西，或者很少被討論的話，我們就不可能建立這樣的對話——可以保證孩子養成健康數位習慣的對話。反之，科技可能就會變成一種禁忌或者害怕的事。

協助孩子養成健康的數位習慣

父母親可以做三件事情，來協助孩子培養健康的數位習慣：

1. 示範健康的習慣
2. 訂立家庭媒體計畫
3. 執行計畫

示範健康的習慣

身為父母親，我們對孩子的數位習慣能夠發揮強大的影響力。孩子會模仿我們的媒體習慣，這是因為他們的鏡像神經元之故（請看本書〈第一章〉有更多的說明），也因為數位媒體在家裡是非常容易接觸到的。

一個二〇一四年由雅歌（Jago）以及其他人所做的研究發現，孩子使用螢幕的時間與父母親使用螢幕的時間有強烈相關。我們必須要非常注意，如果我們自己數位產品不離手，卻要求他們做不一樣的事，可能會讓孩子覺得很困惑。

培養孩子數位習慣最有效的方式，就是我們自己示範健康的媒體習慣。我已經有過親身的經驗，而且還在繼續努力中。

這並不是說，我們在孩子身邊時，要避免使用科技產品，也不是說在孩子身邊就不接電話或滑手機，因為這並不切實際，而且也不能夠教導孩子如何以健康的方式來使用科技產品（況且我們的父母親也沒有這樣。在我們的成長過程中，他們也是會拿出雜誌閱讀，只不過雜誌並不像智慧手機如此佔據父母親的心思）。

我們需要注意我們使用數位產品的時間，不會侵蝕到我們跟孩子相處的時間。當我們的智慧手機不斷地照亮我們的臉，而我們也忽略了孩子企圖要與我們互動的努力時，我們是不是無形中在教導他們：科技比我們的親子關係更重要？

當我們沉浸在科技產品裡，沒有將全部的注意力放在孩子身上，我們擔任親職就是「人在心不在」，這可能會無形中阻礙了孩子的發展。我們的兩個最重要的資源——時間以及注意力——不能經常被螢幕所霸佔，這是非常重要的。

訂立家庭媒體計畫

我們有些人是喜歡擬計畫的人，喜歡下載以及印出一些計畫跟表格；有些人則是比較自由自在、喜歡隨心所欲。不管是哪一種人，我們至少可以想想看，如何讓孩子有能力管理科技產品，這是勢在必行的。我們可以決定是否要正式擬訂一個計畫，或者只是對於在家裡面如何使用電腦有個溝通討論。

> 這並不是說，我們在孩子身邊時，要避免使用科技產品。

家庭媒體計畫的樣貌

一個家庭的媒體計畫要處理許多的議題，從孩子可以花多少時間在科技產品上，到在哪裡、什麼時候使用，以及使用什麼、跟誰一起使用科技產品。書寫是理想的形式，或許可以寫在白板上，而對於年長的孩子，你可以使用契約的方式讓他們遵守。

一個家庭媒體計畫基本上要提到幾個因素：

1. 可以使用多少時間
2. 可以在哪裡使用
3. 什麼時候可以使用
4. 可以使用什麼樣的科技產品
5. 可以跟誰一起使用

接下來是針對一些更重要的議題需要考慮的指引。

我的孩子每天或一週裡，花在科技產品的時間有多少？

我要（有爭議的）說：這可能是最不重要的問題。就螢幕使用而言，質比量更重要。這並不是建議說，我們不需要去考慮孩子花在數位產品的時間有多少，而是我們不應該只是聚焦在量上和執行特殊的時間限制。我們要記得，這並不是精確的科學。

只是狹隘地聚焦在孩子可以使用螢幕產品多少時間，我們就忽略了其他真正重要的考量，像是孩子在觀看或創作什麼，以及他們是何時使用螢幕產品。

最理想的情況下，我建議我們找一個最適合孩子的時間使用量，每個孩子都不一樣。對有些孩子來講，一點點的科技使用時間就足夠了，有的孩子則需要更多。訣竅在於：知道什麼對你的孩子是有效的。

就如同之前所討論過的，如果我們確信七個重要基石全都處理到，不會被孩子的使用螢幕時間所妨礙，那麼這就是相當好的指標，代表他們使用螢幕時間的習慣是健康的，而且對他們的健康與發展沒有危害。

我另外建議一個方式，父母親能夠用來決定孩子的安全螢幕時間使用量，就是問下列問題：

⚡ **什麼內容**——你的孩子在螢幕上所看的是什麼內容？他們的螢幕時間支持或是妨

礙了他們的發展？（請看以下有更詳細的說明。）這可以協助父母親決定孩子的上網時間是不是值得。

機會成本是什麼——你的孩子如果使用螢幕產品的話，他們會失去了做什麼事的機會？如果是七個重要基石中的一個，我們就需要審慎評估孩子花在螢幕上的時間。

一個螢幕時間公式

父母親通常會想要知道一個特別的螢幕時間使用量，讓他們放心，孩子的螢幕使用時間不會損害他們的發展（身為父母親，我們很喜歡清單與特別的細節）。如同我在本書中所概述的，我不建議遵守統一的時間限制，因為那只是以孩子的實際年齡為基礎（記住：這不是精確的科學）。然而，我會建議父母親，運用以下的公式來計算每天健康的螢幕使用時間：

二十四小時－睡眠時間（包括小憩）－學校／托幼時間（如果適用的話）－遊戲時間（與人的關係＋語言＋執行功能）－活動時間－用餐時間

舉例來說，我的五歲孩子，他的健康螢幕使用時間可以這樣計算：

24－11（睡眠）－6（上學）－2（遊戲）－2（活動）－1（吃飯）＝2小時

他當然不會有每天兩個小時的螢幕使用時間（雖然他可能會很喜歡），但是這可以讓我對於健康的科技使用時間有個概念，就是這樣的時間不太可能造成發展和健康的問題。

我們如何管理無科技時間以及區域

孩子需要有機會去玩耍以及與人互動，而不受科技的干擾。這對於發展中的腦部以及產生創造力與靈感非常重要。

因此我們的媒體計畫中，很重要的就是要明確指定孩子可以使用科技的時間以及地點。請不要認為你必得執行所有這些不使用科技的時間與區域，以下是一些建議：

- **就寢之前**——在睡眠前九十分鐘內使用螢幕會延遲睡眠啟動，因此必須避免（第五章有更詳細的說明）。
- **上學之前**——上課之前避免觀看連續性、快速的電腦螢幕動作，因為它會過度刺激腦部。
- **規劃無螢幕的週日或者是數位休假時間**——或者其他更能展現我們風格的特殊方式，我們用什麼名目去執行真的沒有關係，只要你的孩子可以有一些關閉科技產品的時間。
- **玩耍的時候**——背景媒體可能會對孩子的語言發展有害，就如同在第四章所討論的。
- **當沒有使用時**——就關掉數位產品。
- **遊戲區域**——讓遊戲室以及遊戲空間不受科技干擾，那麼孩子就可以聚焦在玩耍上，而不被分心、打擾。
- **臥室**——試著讓臥室成為沒有科技干擾的區域，這是為了睡眠健康，同時也是為了他們的視力，以及生活透明化。
- **用餐的區域**——我們需要保留我們的餐桌對話，也讓孩子能夠專心品嘗與飲食（見第八章有更詳細的說明）。
- **車上**——車上是我們與孩子一對一相處、不受干擾的好時光，因此，試著讓車內時光成為一個沒有科技干擾的時間（至少偶爾這麼做）。

我們的孩子可以使用什麼科技？

這可能是需要注意的最重要之處：內容才是王道！身為父母親，我們需要很小心地管理孩子會遇到的內容。修正過的美國小兒科學會指南建議父母親要慎選內容。

孩子對於界線的反應很好，因此對於孩子可以看或使用的確切應用程式、網站、電腦遊戲以及電視節目，都要有公開的對話。

對於他們在螢幕上可以看什麼或用什麼，若沒有明確或極少指引的話，孩子常常會產生衝突。

科技小撇步

1. 要聰明——在觸控螢幕產品上建立一個檔案夾，收集適合孩子使用的應用程式。建立適合觀看的 YouTube 播放清單，預錄我們希望孩子觀賞的電視節目或者是特定頻道。
2. 不斷更新——即時了解適合孩子的最新應用程式、網站以及數位小工具。「常識媒體」是最周全的網站（與應用程式）之一，對於有零到十八歲試著遨遊數位世界的孩子的父母親來講，很容易取得。他們提供了一系列媒體的獨立評論、年齡分級以及其他重要的資訊。事實上，他們的行動式應用程式對所有現代父母親而言，可以說是必備的。

在哪裡以及何時可以使用科技產品？

指出在你家裡，哪裡是可以使用科技的明確地點。最好應該是在公共、家人經常活動的區域，像是廚房或是客廳。

設定一個科技停放區域，晚上可將科技產品像是智慧型手機、平板電腦以及遊戲機，放在那裡（或許充電），這是一個很棒的想法！可以是廚房的椅子上或是餐桌上，這都沒有關係，只是需要有一個在特定時間可放置這些科技小工具的指定場所（那麼它們才不會出現在睡衣口袋裡）。

孩子可以跟誰一起使用科技產品？

指定一些我們不要年幼孩子觀看和使用的電視節目、應用程式或者是網站。有越來越多的社群媒體、應用程式、遊戲以及網站說是專供孩子使用的，像是「企鵝俱樂部」以及「摩西妖怪」（Moshi Monsters），這些網站通常會讓孩子即時互動與聊天，但卻常常很少監控。

要很明確地指定並了解孩子正在跟誰互動、跟誰上網玩遊戲。我們需要與孩子有明確的對話，讓他們知道網路陌生人的危險性，也要讓他們知道可以跟誰（以及不可以跟誰）在網路上聊天。

如果你願意，可以記下一些特別的遊戲與應用程式，以及跟他們玩的是哪些人。舉例來說，「跟媽媽玩拼字遊戲」或者「跟祖父母用 Skype 聊天」。

有關家庭媒體計畫的最後祕訣

很重要的是：我們的家庭媒體計畫要跟照顧人、保母以及祖父母溝通。這就是有時候寫下來的計畫比較好的原因，因為沒有模糊空間，特別是如果要貼在冰箱上！

同樣重要的是，要記得定期地評估計畫。科技一直在演進，孩子發展、需求與喜好也會改變。這個計畫也應該要隨著我們孩子的發展行程演化與調適。

執行計畫

擬計家庭媒體計畫還算是簡單的部分，實際執行彼此同意的條款才是困難之所在。但這真的是培養孩子健康媒體習慣最關鍵的部分。

我們需要記住（而且要集中所有的意志力以及力量）才能執行這些我們所建立的限制。有時候，我們只需要說：「不，是關掉它的時候了！把媽媽的手機拿過來。」

剛開始的時候，可能會讓你覺得像一場痛苦的戰役，但是如果我們可以堅持我們的科技條款的話，過了一段時間，就會更容易執行了。

> 擬計家庭媒體計畫還算是簡單的部分。

監控與管理孩子螢幕使用時間的實用祕訣

即使沒有特別健康或建議的使用螢幕時間量，我們仍然需要很注意孩子花在科技產品上的時間有多少。這裡有一些監控與管理孩子的螢幕習慣的實用想法：

- 媒體代幣
- 印出的螢幕時間表
- 計時器
- 螢幕使用時間的管理產品
- 科技契約
- 無聊白板

媒體代幣

媒體代幣對孩子來講，是一個既簡單又相當有效的方式，讓他們可以記錄自己的媒體使用時間（這個方法對於忙碌的父母親也很有幫助）。媒體代幣基本上對年齡四到十歲的孩子最有效，也很容易看到孩子花在科技產品上的時間有多少。

喝完的牛奶瓶的蓋子、塑膠的計數工具、塑膠錢幣，甚至是冰棒棍都可以拿來當作媒體代幣。把代幣放在一個透明的罐子或者碗裡，作為使用時間的視覺提醒。

根據孩子的年齡，我們可以用不同的代幣來代表不同的媒體使用時間量。舉例來說，黃色的牛奶瓶蓋可以表代表三十分鐘的媒體使用時間，而藍色的蓋子就可以代表六十分鐘的使用時間，這非常適合六到十歲的孩子。

對六歲以下的孩子來說，因為對時間的了解還在發展中，他們可以只用代幣來表示他們看過的電視節目集數，或者是已經使用的應用程式數量。

舉例來說，我們發現對我們（當時）三歲的孩子來說，把冰棒棍放在玻璃罐裡面非常有用，我們同時可以了解他所看的電視集數。

我們可以預先指定孩子每天可以使用的螢幕時間量，而他們可以用代幣來管理每天的配額（舉例來說，孩子可能從週一到週五，每天有六十分鐘的時間，而週末有一百二十分鐘）。

有些家庭喜歡用每天的配額來管控，其他的家庭可能會比較彈性一點，讓沒有使用的螢幕時間可以轉換到其他的天數裡（舉例來說，我可能星期一只用了十五分鐘的時間，因此在星期二我可以用四十五分鐘的時間）。

或者，有些家庭給孩子一週之內總共可使用的媒體時間量，然後孩子就可以使用代幣來記錄累積的總量。

印出的螢幕時間表

下載一個免費、可印出的螢幕時間使用表週曆，可以用手填寫或是做成薄板，把代幣用魔鬼氈黏貼上去。

可印出的時間表是設計來記錄孩子在一週當中使用螢幕的時間量（可以在這個網站上下載：drkristygoodwin.com/book_resources/。它讓我們可以很快地計算出孩子一個禮拜已經累積了多少螢幕使用時間，而且是可以事先規劃孩子螢幕使用時間的絕佳工具。

> 媒體代幣對孩子來講，是一個既簡單又相當有效的方式，讓他們可以記錄自己的媒體使用時間。

計時器

對於已能掌控時間觀念的孩子來說，計時器是用來監控他們螢幕使用時間的很棒方式。

對年幼的孩子來說，一個好的、老式的蛋形計時器，是可以用來提醒孩子螢幕時間將要結束的很好方式，比起跟我們爭論，他們比較不會跟物件爭論！

對較年長的孩子，微波爐上的倒數計時器、碼表、手機、平板電腦都可以用來監控流逝時間或是累積時間。

許多的平板電腦跟遊戲機也會有一種附加功能，我們可以設定螢幕使用時間的限制，而數位產品在一段時間過後會自動關閉，真是神奇呀！

螢幕使用時間的管理產品

也有越來越多的應用程式以及網路軟體，可以用來監控以及管理時間。我建議下面這兩種：

- **我們的協議**（Our Pack）應用程式（在 iOS 以及 Android 的產品上都有）——它是一個行動裝置適用的家長控制程式，可以讓父母親設定孩子使用行動裝置的時間限制，父母親可以自己建立並執行時間表，立即阻擋一些網站與應用程式。
- **安全無尾熊**（Koala Safe）——讓父母親可以設定一些時間限制，提供父母親可以存取的資料與洞見，催化應用程式與網站的阻擋功能。不管是在家還是在戶外，對所有的產品都適用。

科技契約

對年長的孩子，正式書面契約會有幫助，而且是以很明確的方式來管理孩子媒體的使用。很重要的是：這個契約必須由父母以及孩子雙方共同來擬訂。比起只是單純地執行契約，這會讓孩子更願意遵守這個政策。契約裡面可以提到之前描述的「家庭媒體計畫」的問題。

無聊白板

如果我們老實承認，科技有時候的確被我們用來當作孩子無聊的剋星（我當然偶爾也這麼做了，尤其是在一段很長的濕冷天候或生病之後），這是可以的。身為成人，當我們打開電視或滑手機看新聞的時候，我們就這麼做了。

但是我們真的需要很小心，不要常常將科技當作數位的奶嘴，我們要準備好一些點子，讓孩子可以替代螢幕的使用。如此一來，我們就準備了許多實際的想法來娛樂孩子，而非只是伸手拿螢幕產品。

準備許多可供孩子選擇的活動，放在一個告示板上。當孩子喊「我很無聊」的時候，他們就可以從告示板上選擇任何一個活動來做。

> 如果我們老實承認，科技有時候的確被我們用來當作孩子無聊的剋星。

本章精華回顧

支持健康的科技習慣可以包含：

- 注意我們與孩子一起或者孩子在身邊的時候，我們是如何使用科技的——孩子在看、也會吸收每一件事情，包括我們的數位習慣。
- 教導孩子如何去管理他們的媒體使用方式。

- 擬訂一個家庭媒體計畫——可以是一份正式書寫的文件，或者只是和孩子談談要如何（與不能如何）使用科技產品。
- 擬訂一個不只關照螢幕使用時間的家庭媒體計畫——它必須也考慮到他們使用什麼科技，何時、哪裡、跟誰，以及為什麼使用科技產品。
- 不斷更新策略來管理孩子的螢幕使用時間——這對每個孩子來講都不一樣，而他們的發展階段也不同。

我們務必要教導孩子有效的策略，來協助他們管理螢幕習慣。身為父母親，我們不能夠只是建立螢幕習慣而已（一旦我們第一次將自己的手機交出去），還要在孩子身上執行。同樣重要的是，我們自己也必須要遵守這些習慣。在我們不斷地受到數位產品所干擾、分心時，這並不是很容易的事。

下一章將會探討如何在使用科技產品時，保護我們孩子的健康與福祉，而且運用一些簡單的策略，我們可以減少潛在的危險。

第11章 維護孩子的健康

如果孩子未以健康的方式使用科技產品的話，父母親與教育者需要了解一些我們可能會遭遇的發展與健康的危險。

如果過度使用科技產品，或科技產品使用不當的話，對孩子的身體與情緒健康發展會有潛在的危險。對於年幼孩子如何使用數位產品，我們需要謹慎決定，以身作則示範可持續發展、健康的使用方式給他們看。

五個與年幼孩子使用科技產品有關的主要健康考量如下：

- 電磁波的危害
- 身體意象
- 視力
- 肌肉骨骼的問題
- 聽力

電磁波的危害

我們所到之處常可以看到「免費無線網際網路」（wi-fi）的標誌，在咖啡廳、餐廳、旅館、機場，甚至百貨公司，我們都可以使用無線網路。

我們一般會假設如果無線網路無所不在的話，就一定是安全的。但是還沒有科學證據的結論證實，長期曝露在無線網路下確實是安全的，特別是對年幼的孩子來說。在這個議題上的科學意見是分歧的。記住：這是一個相當新的科技，因此長期的健康影響還沒有適當的研究。

我們需要了解電磁波的哪些事？

電磁波（electromagnetic radiation, EMR）是指那些看不見的電子波與磁波。它們是以波的形式存在的輻射線。網際網路的路由器以及無線網路的數據機，使用電磁波來發射它們的訊號到電腦、平板電腦或者是行動裝置上。手機也會發射電磁波，甚至在待機狀況下也會持續地搜尋資料。

關於電磁波，父母親跟教育者需要知道三大關鍵事實：

- 有可能的危害結果
- 孩子比成人更容易受到電磁波的危害
- 我們需要減少在家裡接觸電磁波的機會

手機也會發射電磁波，甚至在待機狀況下也會持續地搜尋資料。

與電磁波有關的危害結果

不同科學領域的一些初步研究指出，曝露在電磁波底下，對我們的健康有潛在的危害。二〇一一年，世界衛生組織（World Health Organization, WHO）與國際癌症研究機構（International Agency for Research on Cancer, IARC）將輻射頻率電磁波領域列為「2B型可能致癌物」（也就是它們對人類可能會致癌），與鉛、DDT以及汽車排放物是同一個類別。

就與電磁波相關的人類健康危險的證據而言，有越來越多的研究顯示有可能的健康危機。二〇〇九年一個發表於《臨床腫瘤學期刊》（*Journal of Clinical Oncology*）的研究，將手機使用與增加腫瘤風險連結在一起。其他的研究已經顯示，有些種類的癌症、低精蟲數、睡眠以及／或行為問題、身體不舒服，以及可能的學習困難，都是與曝露在電磁波底下有關的健康疑慮。這裡必須要重申，這些只是可能的影響，我們還不能確定。

需要注意的是，世界衛生組織的分類所根據的研究，是暗示曝露在電磁波下可能造成不良健康影響，但是目前要認定任何長期的健康疑慮還太早。此時此刻，特別是牽扯到人類，要斷然確定曝露在電磁波下會產生的不良健康結果，證據還不足。然而，我們應該要注意有關接觸電磁波的一些指標。

世界衛生組織的報告承認需要更進一步的研究，但是也建議我們**對於手機以及無線網路的輻射線，尤其是對孩子，要採取「務實的措施，以減少曝露的機會」**。世界衛生組織也承認，到目前為止所做的研究評估雖指出，曝露量若低於電磁波指南所定的標準，不會造成任何不良的健康後果，但是在知識上還是有差距需要補足。在目前這個階段，我們不能夠確定說有影響，但是我們也不能確定說沒有影響。

針對電磁波曝露的研究也有其他的困難，那就是沒有全世界一致的安全等級或安全標準。國家與國家間的差異顯著，使得更難去推斷出一致的研究發現。此外，目前電磁波曝露的標準是一九九三年所提出的，當時的無線科技還不像今日這麼普遍。

我不相信我們應該等到有明顯的證據證明有害之後，才採取行動，那個時候可能就太遲了！我的朋友與家人稱我為「小心的克莉絲堤」，但是我最害怕的是：無線網路可能會像二十一世紀的石棉、苯或菸草那樣，有潛在的危險性。我當然不希望這成為事實，因此我建議，我們要採用謹慎的原則，如同世界衛生組織所建議，特別是針對年幼孩子曝露在電磁波下的情況。

孩子吸收更多的微波輻射，因為他們的身體比成人要小。

很有趣的是，許多的無線網路產品製造商（像是智慧手機、遊戲機以及無線印表機）在他們的使用手冊及附屬條款裡面，都包含了安全警告。這些指引一般會建議要將產品遠離身體使用或存放（不同的廠商建議不同的距離），然而，我們許多人沒有閱讀這些文件，因此也不了解潛在的危險性以及警告。

容易受影響的孩子

孩子會吸收更多的微波輻射，因為他們的身體比成人要小，他們的頭蓋骨比較薄，而且他們的腦部組織是比較容易吸收的。一個二〇一二年發表於《電磁生物學與醫學》（*Electromagnetic Biology and Medicine*）的研究估計，五歲孩子比成人吸收多了將近百分之六十的放射線，孩子的頭部在生理的結構上比成人的要小，而且他們的腦部有更多的液體，反而增加了他們的電磁波吸收，結果他們可能就更容易受到電磁波的不良影響。

孩子的電磁波曝露量，也可能有一種累積的效果。我們知道孩子從年紀很小的時候，就開始使用平板電腦（許多是有很多天線的）以及智慧手機，因此他們的電磁波曝露量就相對地增加。他們也在一個充滿電磁波的物理環境中成長——家裡（有時候學校或者是育兒中心）網際網路的路由器、無線電話，甚至是嬰兒的監視器。

再一次說明，在這個當下，並沒有長期的資料證明使用數位產品的相關不良影響，也沒有以人類為受試者的實驗性研究可顯示安全的曝露量為何。孩子曝露在無線網路之中（事實上，是任何的電磁波）可能有危害的風險，這也是我們需要採取預防措施的另一個理由。

減少孩子的電磁波曝露量

不可否認地，關於電磁波的影響，科學證據上仍然不確定。身為父母親，只要與孩子的健康及發展有關，我們都需要注意任何可能的傷害危險。只要有關無線網路以及我們的家人，我們都要採行預防措施，採用簡單的策略來協助孩子養成健康的數位習慣。我們需要成為無線網路的戰士，而不是憂心忡忡者。

我們需要暫停一下、真正仔細思考，如何和孩子一起使用科技產品，以及我們在孩子身邊時要如何使用科技產品。我不想在十年後，當我們了解更多之後，回過頭來看，才了解我們當時應該更謹慎地使用科技產品，特別是和孩子一起或在孩子身邊使用無線網路。我寧可謹慎過頭，也要比實際需要的更保護他們、更小心。

減少家人曝露在電磁波下的簡單祕訣

當科學的證據還不能夠顯示出電磁波曝露與不良健康結果之間的關係時，我建議減少接觸。

- **限制電磁波的曝露**——減少孩子曝露在無線網路以及行動式產品的機會。在不需要的時候，關掉路由器（像是深夜或者是白天我們不在家或學校，沒有在使用這些器材的時候）；當孩子在玩行動裝置以及觸控螢幕產品時，將它們轉為飛航模式，同時讓數據機遠離家人常在的區域（或教室），舉例來說，不要放在臥室裡或者是睡覺的區域；用傳簡訊取代講電話。
- **設立無科技使用區域**——不要將會放射電磁波的裝置放在臥室以及孩子常待的其

他區域。

- **增加孩子與數位產品之間的距離**——在講行動電話的時候，使用耳機。讓數位產品至少遠離身體四十公分（記住：手機在待機狀態仍然放射電磁波）。鼓勵孩子在使用手機的時候用揚聲器，而不要將手機靠近頭部。
- **盡可能使用有線網路上網**——使用乙太網路線（藍色電纜線，我們有了無線網路後，可能就把它扔了），盡可能使用實體線路的產品。將印表機與遊戲機用電纜線連結（不要用無線感應）。
- **接收不良時就限制使用數位產品的時間**——有沒有誰為了讓收訊好一點，曾拿著手機手舞足蹈啊？如果訊號微弱，我們的數位產品就必須更費力運作，也會放射更高的電磁波。在接收不良時，改用傳簡訊的方式，或是避免使用數位產品。

身體意象

如同在第八章所概述，媒體需要為越來越多的不正常飲食負起一部分責任。今天的孩子受到電視、應用程式、電影，以及傳統媒體如雜誌、報紙、印刷廣告（就是塞滿我們信箱的那種東西）所攻擊。這兩種形式的媒體，對於孩子理想身體意象的形成，造成非常大的影響力。

一個二〇一五年「常識媒體」的報告發現：媒體影響年輕女孩與男孩對於身體意象的形成，也確定了現在孩子的身體意象在年紀很小的時候就開始發展了。年僅五歲的孩子就會表達

減少媒體對孩子身體意象影響的祕訣

1. **跟孩子談論身體意象**——公開討論媒體上的人物與名人是怎麼被描繪的，辨識哪些影像是被修過、增加效果的。
2. **找到健康的楷模**——跟孩子談論什麼是健康的身體意象，在書本、雜誌、報紙、印刷廣告以及數位媒體上，找到一些健康的例子。
3. **注意我們所說的話**——注意我們自己所說的話，因為孩子會吸收我們所說的（跟所做的）一切，我們隨意的評論會被孩子內化。

對身體的不滿意，而且有許多的因素正在影響著孩子，包括父母親、部分媒體，以及同儕。

這並不表示說我們需要把電視關掉，或是不再讓孩子看電影。這是代表父母親需要很小心地監控孩子在觀賞什麼（因此而內化與吸收什麼），也意味著我們必須要從孩子年紀很小的時候就開始，經常與他們談論有關健康身體意象的議題。這也是為什麼「共同觀賞」是這麼關鍵的原因。

視力

孩子很早接觸螢幕產品，使用時間也越來越長，這會增加他們近視及電腦視力症候群的風險。孩子的螢幕使用習慣，讓他們的眼睛在年紀很小的時候，就承受許多的壓力，而且時間往往越來越長。眼科醫師擔心這種過早讓孩子使用螢幕以及延長接觸螢幕的時間，可能會傷害他們的視力發展。

孩子使用螢幕的時間越來越多，這種曝露量會讓他們的眼睛更容易罹患近視等併發症，因為他們花了不成比例的時間在很近的距離看螢幕。

孩子也使用越來越多背光設計的平板電腦，與會散發藍光的行動產品。藍光有潛在的傷害，因為它可以穿透到眼睛的後面。孩子的視力仍然在發展之中，而且能夠過濾掉一些有害藍光的保護色素還沒有發展完全。

一旦傷害已經造成，眼睛就會越來越容易遭受藍光與其他有害的環境因子侵害，繼而又增加長期視力損害的危險。一般相信，大部分的藍光損害會在孩子十八歲之前就發生。

藍光不是新的東西，電視、室內照明、電腦螢幕、行動裝置以及太陽，都會散發藍光。一個二〇一三年在《光化學與光生物學》（*Photochemistry and Photobiology*）期刊所發表的研究發現：累積曝露在人工光源之中，會造成細胞的損害。

有人提出，接觸藍光長期下來可能會造成眼睛黃斑部永久不可逆的損害，會造成像是黃斑部病變以及白內障的情況。再一次聲明，這還沒有被證實，但是已足夠讓我們擔心，要確保不讓年幼孩子長時間接觸背光產品。這是我們為什麼不要等到研究證明有害之後，才採取行動的另外一個例子。

花太多時間在螢幕前面，未有中斷休息，也會造成眼睛疲勞，又稱為「電腦視力症候群」

電腦視力症候群是一個暫時的狀況，可能是由於過度及未中斷的使用螢幕所造成。

（computer vision syndrome, CVS）。電腦視力症候群的症狀包括：頭痛、視力模糊、疲倦、乾眼症，以及孩子的急躁行為。電腦視力症候群是一個暫時的狀況，可能是由於過度及未中斷的使用螢幕所造成（通常對成年人來講，是連續使用超過兩個小時）。

發生這種症狀的其中一個原因，是當我們使用螢幕的時候，眨眼次數減少（可能減少達百分之六十六），這會造成乾眼症，產生搔癢或灼熱的感覺。當我們使用螢幕時，保護眼睛的眼淚會蒸發得更快，而造成眼部的乾燥。

坊間從老師、父母親以及視力健康專業人員而來的證據指出，有越來越多的孩子出現電腦視力症候群。

個案研究

每天下午從學校回到家時，哈瑞會抱怨眼睛痠痛。哈瑞的媽媽安姬開始觀察哈瑞做功課，發現他在筆電上做功課的時候，常常瞇眼睛。她想起有一次在我的研討會上，聽到我所提到的資訊：使用螢幕產品時，過多的光源可能會造成眼睛的疲勞。

哈瑞坐在很大的玻璃門前做功課，有很多的光源從窗口射進來。哈瑞的媽媽建議他試著將筆電放到其他位置，他就不需要一直瞇著眼睛，也鼓勵他在使用筆電的時候，常常眨眼、固定休息。

這讓一切都變得不一樣了！哈瑞的眼睛痠痛消失了。然而為了安全起見，安姬帶哈瑞去看眼科做檢查，結果一切都很好。她解釋說，眼科醫師同意哈瑞的症狀是由多餘的光線所造成，而且缺乏眨眼，導致他的眼睛疲勞。

視力祕訣

可以執行一些簡單的策略，來減少螢幕對於孩子視力的影響：

- **20－20－20－20 原則**——當他們必須要聚焦在螢幕上時，孩子的眼睛很容易疲勞。要減少眼睛的疲勞，最重要的是要經常休息。每二十分鐘就鼓勵孩子離開電腦，休息二十秒（至少），眨眼二十次，看二十呎以外（大概是六公尺以外）的物品，做一些體能的活動二十秒（像是跳一跳、原地跑步，或者是伸展）。

鼓勵孩子聚焦在某個遠方的物品上，會減少聚焦問題產生與眼睛的不適。休息不使用螢幕，會讓眼睛可以重新校準，眨眼次數增加（這是我們持續凝視螢幕時不會做的），並注視遠方的事物，反過來就會增加眼睛的濕潤度，而且會重新導正聚焦在遠處的物品。

休息不使用螢幕也有附加的好處，可以鼓勵孩子身體更活躍（因此他們的身體可以調整並找到正確的姿勢），而且也讓他們的腦袋冷靜下來（才不至於被過度刺激）。

- **要有接觸自然光的時間**——年幼的孩子必須依然要花足夠的時間在戶外接觸自然光，發展他們的視覺深度以及全方位視野。
- **減少眩光**——從牆面、物體表面或螢幕反射的強光，可能會對眼睛形成更多壓力，造成眼睛的疲勞。在使用螢幕的時候，把窗簾拉起來以減少外來的強光；避免在陽光直射下、日光燈下或窗戶前使用數位產品。可購買抗眩光的螢幕，但是對孩子來說，我不建議這麼做，因為可能鼓勵他們過度使用螢幕產品。
- **檢查是否符合視力的人體工學**——近距離使用固定的螢幕（像筆電與電腦）時，螢幕的中心必須要在你的視力水平線之下十二到二十二公分，年幼的孩子可能需要調整電腦工作檯（支撐筆電），讓他們可以用符合視線的高度看螢幕。對孩子來說，使用電腦與筆電的時候，建議眼睛與螢幕之間的距離保持在四十到七十公分（在使用小一點的螢幕，像是手機以及平板電腦時，可以稍稍靠近一點）。
- **鼓勵孩子將行動裝置放在距離身體四十到五十公分遠處**——只要多靠近一些，都會讓眼睛增加壓力（而且可能造成不健康的電磁波曝露）。
- **調整螢幕的設定**——螢幕的亮度應該要與室內亮度相符，而不是相抗衡。如果在使用科技產品的環境中，螢幕太亮或是太暗，教導孩子（要看他們的年紀）如何調整亮度。眼睛在看螢幕的時候，不應該覺得吃力、瞇眼或疲倦。這通常是個人的選擇，因此我們教導孩子如何舒服地觀看螢幕是很重要的。

- **增加眨眼次數**——鼓勵孩子在使用螢幕產品時，常常眨眼睛，有助於滋潤眼睛。這也是20－20－20－20休息原則的一部分，讓孩子慢慢打開以及閉上眼睛二十次，協助眼睛能得到滋潤。
- **限制螢幕使用時間**——使用螢幕的時間過量，很可能對視力健康有不良影響。

聽力

許多父母親開玩笑說，他們孩子的聽力被震耳欲聾的音樂損害了，但這可能正是事實。噪音性聽力損失（noise-induced hearing loss）是很嚴重而且永久性的損害，它跟不正確和過度使用耳機或縈繞在震天嘎響的音樂裡有關。

世界衛生組織估計全世界有十一億人可能受到噪音性聽力損失影響，由於使用個人音樂設備（包括 MP3 播放器以及智慧型手機）的方式不安全，以及曝露在很吵雜的娛樂場所所致。

我們的耳朵會將聲波的震動轉換成訊號，而我們的大腦會將其轉譯成聲音。如果耳朵承受過度的聲音壓力，可能會損害耳內的絨毛細胞，阻礙它們將聲音傳導到大腦的能力，這就可能會造成永久的噪音性聽力損失。

健康聽力的祕訣

以下是一些可以確保你孩子的聽力，不會在數位時代被犧牲的一些祕訣：

1. **控制音量**——教孩子如何調整耳機音量（最好是低於七十五分貝）。但是大部分市售的耳機，很難指定精確的分貝值，我們可以教孩子判斷相對適當的音量。有些耳機以及 MP3 播放器可以設定最高分貝值。請向個別廠商查詢應如何設定。
2. **監控時間**——可以的話，試著限制孩子每天戴耳機的時間在六十分鐘以下。
3. **使用降噪耳機**——使用耳罩式的耳機，因為這種耳機可以降低一些背景聲音，讓孩子更容易專心聽音樂，而不需與背景噪音相抗衡。
4. **走在路上不要使用耳機**——警告孩子與數位分心相關的危險性。

嬰兒遭受的聽力威脅非常嚴重。世界衛生組織非常擔心，因此已經製作了安全聽力實務的指引，叫作「讓傾聽安全」（Making Listening Safe）。而全世界的許多政府也都在進行覺察運動，像是「這是個吵鬧的星球：保護他們的聽力」（It's a Noisy Planet: Protect Their Hearing），因為這已被認為是越來越嚴重的健康議題。

噪音性聽力損失的症狀包括：聲音悶悶的聽不清楚或者是聲音被扭曲、感覺耳朵有壓力、難以了解演講內容，和／或安靜時耳內有鈴響聲（耳鳴）。雖然這些症狀可能是因為聽到一個巨大聲響所造成，但一般是由於經時累日一再接觸巨大聲響所造成。

據聞有聽力專家證實，他們治療越來越多年幼孩子與青少年的耳鳴問題（耳朵裡面有鈴聲），以及噪音性聽力損失。持續使用音量在七十五分貝以上的耳機，會造成永久的聽力損失，而這種損失是會累進的。讓人擔心的是，市售的 MP3 播放器大部分可高達一百三十分貝以上（取決於 MP3 播放器的型號與耳機品牌）。

就像兒童數位健康的許多面向一樣，我們目前可能還沒有充分的研究證明，但是我們不想要等到那個時候，因為在過程中已經犧牲了孩子的聽力，那就太遲了！再一次聲明：這就是為什麼提到年幼孩子使用耳機，採取預防性措施是很重要的。

持續使用音量在七十五分貝以上的耳機，會造成永久的聽力損失。

行走危險

使用耳機也會對行人安全產生危險，特別是對一些很容易分心的孩子而言。有一個由李誠史登（Lichenstein）以及其他人所做的研究發現：行人在戴耳機的時候死亡或受傷的人數，在六年之間增加了三倍。數位的分心導致「分心盲」（inattentive blindness），會降低一個人對周遭環境的心智覺察度，也可能造成感覺剝奪（sensory deprivation）（因此孩子可能沒有聽到車子按喇叭提醒他們有危險）。因此，我們絕對要確保孩子在走路的時候不使用耳機，而且要跟他們談論相關可能的危險，讓他們從一開始就建立健康的習慣。

人體工學

不同領域的健康專家，包括一般的醫生、物理治療師、脊椎治療師以及職能治療師都報告說，有越來越多的孩子出現了肌肉骨骼的問題，他們將之歸因為越來越多孩子使用螢幕之故。

數位時代，與孩子姿勢發展有關的兩大關切事宜是：

- **不良習慣**——使用與維持不正確的身體姿勢時，就可能會造成肌肉骨骼的問題，因為身體承受重複壓力之故。
- **疲憊的肌肉**——如果孩子花了過多的時間在螢幕產品上，他們的肌肉就會疲勞，也更容易採用不良的姿勢（稱作「數位姿勢」）。

「數位姿勢」（iPosture）形容孩子因使用螢幕的時間不當，導致不良姿勢。這就是為什麼我們會看到孩子彎曲著身體玩電腦遊戲，或是使用電腦時把一隻腳拉到胸前坐著，因為他們的肌肉疲累了。

使用數位產品的時間越來越多，可能會讓發展中的身體承受重大的壓力。在年紀很小的時候就拱著背看數位產品，會養成壞習慣，造成以後肌肉骨骼的問題。科廷大學（Curtin University）的研究顯示，每天使用觸控螢幕三十分鐘，可能會種下成人期潛在的頸部與背部問題的種子。

在年紀很小的時候就拱著背看數位產品，會養成壞習慣。

因為持續且重複地使用數位科技產品，有越來越多的孩子出現了「重複壓力傷害」（repetitive stress injury, RSI）的問題。醫生們俗稱這些新的身體病痛為「電玩拇指」及「簡訊下巴」。這些傷害造成孩子的疼痛，也可能會抑制他們書寫的技巧。職能治療師正在治療越來越多出現精細動作困難的孩子，因為孩子的螢幕習慣已經影響到他們精細動作技巧的發展。

打破科技迷思

迷思：在數位時代手寫不重要。

事實：在數位時代，手寫仍然是孩子需要學習的一個關鍵技巧，手寫與打字所使用的認知來源是不同的。

一個二〇一四年由穆勒（Mueller）與歐朋海默（Oppenheimer）所做的研究顯示，比起打字的筆記，大學生從手寫的筆記裡面能回憶起更多的資訊。原因有許多：

- 手寫會在腦部的感覺動作區裡留下動作記憶（打字並沒有這種效果，因為打字的動作都很相似）。
- 手寫比打字要花更多的時間，因此有一個時間的因素在裡面。

打字並不需要批判思考——學生可能沒有重述資訊，沒有用心思記筆記。

穆勒與歐朋海默的研究結果可能不適用於年幼的孩子，但它的確暗示了手寫仍然有其優點。

新興研究顯示：成人在走路時使用手機，為了要彌補越來越多的分心狀況，他們會調整步伐。德州 A & M 大學（Texas A&M University）健康學系（Department for Health）以及昆士蘭大學（University of Queensland）的研究員發現，手機使用者會更注意自己的步伐、縮短他們的步長、減少跨步的頻率，並且增加障礙許可高度（obstacle clearance height）。

如果我們知道成人已發展的腦部與身體，為了適應科技正在產生改變，這也引發了對年幼孩子生理發展的擔心。這也是進一步的證據，因為科技會影響孩子的身體健康與發展，我們必須仔細思考，年幼孩子可以使用科技多長時間、應該在什麼時候使用。

保持最佳數位姿勢的實用祕訣

為了確保兒童養成健康的姿勢習慣，可以這麼做：

採用 20－20－20－20 原則——大概在他們持續使用螢幕時間二十分鐘之後，讓孩子起來動二十秒，也看看二十呎（約六公尺）以外的東西。「科技的休息」可以防止孩子肌肉疲勞，而且可以還原他們的不良姿勢。當孩子起來動一動的時候，如果再次使用數位產品時，身體更容易重新恢復正確的姿勢。

協助孩子找到正確的人體工學姿勢——調整工作檯以適合孩子身體所需，不要忽略而不這麼做。在一個理想的世界裡，孩子應該要坐在書桌前的椅子上，使用筆電或者是桌上型電腦，他們的腳應該要可以平放在地面上，膝蓋和脊椎應該呈九十度，如同下圖所示。

選擇可調高度、傾斜度的椅子，也要有支撐下背部的功能（或者是塞一個墊子來提供額外的支撐）。鼓勵孩子坐著時，手肘與桌面呈直角，而手腕平放在桌面上。教導他們將背部平靠在椅背上，雙腳平放在地面上，而膝蓋面向前方。

對於像是平板電腦與手機等行動裝置，鼓勵孩子以腹部趴平的姿勢使用，這樣他們的眼睛可以直接位於螢幕上方，維持頸部不歪斜。比起坐

我所坐的位置距離螢幕有一臂之長
我的眼睛是在螢幕上方

姿，他們用腹部趴平的姿勢也不容易持續太久，這代表在更短的時間之後，他們會很自然地起來動一動。

或者，如果孩子喜歡坐起來的話，使用淚滴形狀的懶人沙發，在上面使用平板電腦。這種方式他們很容易把數位產品放在眼睛水平線的地方，也容易維持姿勢（只要記得：將數位產品放到孩子大腿上面之前，先將其轉為飛航模式）。最重要的是：數位產品要放在孩子的眼睛可以直視的地方（而且不是讓他們的眼睛調適到可以看到數位產品的地方），如圖中所示。

- **監控孩子所背負的重量**——有鑑於現在許多學齡期的孩子，每天都需要帶平板電腦或筆電去學校，有人擔心他們的書包越來越重。一般的通則是，孩子所背的書包不應該超過他們體重的百分之十，因此一定要監控書包的重量，必要時做調整。

- **下載「ErogBreak4Kids」**——這個程式從網站或者應用程式都可取得，協助年齡五到十二歲的孩子學習與科技互動的健康人體工學。這個程式能

讓使用者在使用數位產品的時候，設定以及量身打造他們的休息時間，以紓解肌肉疲勞、眼睛疲勞，以及恢復專注力。這個休息時間是由動畫人物來傳達的，他們也會示範伸展動作，提供一些（使用平板電腦以及電腦的）人體工學的祕訣。

本章精華回顧

在數位時代中，應用以下的祕訣來保護孩子的健康：

- **盡可能減少孩子曝露在無線網路中的機會**——不使用網路時，關掉路由器，盡可能使用藍色的以太網路線來上網。不要把行動裝置放在大腿上，而且要遠離身體至少一個手臂的距離。不需要使用無線網路時，將手機以及平板電腦轉到飛航模式。
- **跟孩子談論有關身體意象的問題**——從媒體以及真實生活中，找到健康的楷模。
- **盡早設立以及執行（這是棘手的部分）健康的媒體習慣**——預防他們養成會導致上癮的不健康習慣。
- **執行20-20-20-20原則**——確保孩子的眼睛以及肌肉有適當的休息、有機會重新校準。
- **教孩子如何調整耳機的音量**——將音量調整在安全的範圍內。不鼓勵使用耳機太長的時間（建議一天最多一小時），盡量使用降噪耳機。
- **提醒孩子保持正確姿勢**——在使用數位產品時，記得隨時提醒孩子。當他們開始駝背或者是轉動身體呈現扭曲姿勢時，通常表示他們很累了，是需要改變活動的時候了。

有鑑於我們還不清楚孩子使用螢幕的習慣對身體發展的長遠影響，我們必須要採取預防措施，確保螢幕使用時間是兒童期整體平衡發展的一部分。

結論

不管我們是喜歡還是討厭，現在科技已經是我們孩子以及我們身為父母生活的中心。他們正在經歷數位化的童年，而且也承接了螢幕越來越無所不在的世界，我們必須協助他們遨遊在這個數位領域裡。對年幼孩子禁用科技不是一個選項。

年幼孩子沉浸在數位的河流裡，而且是在孩子年紀更小時就開始接觸，數位的產品被塞進他們手裡、裝上他們的嬰兒車，而且丟進他們的嬰兒圍欄裡。但是我們不需要太早就將科技產品介紹給孩子，我當然不會為科技產品批發商代言，或過早將螢幕介紹給孩子——這並不是發展中的大腦與身體所需要的。

然而，我們不能夠忽略科技的存在或希望它消失。以整個社會而言，我們對數位產品的依賴正在改變我們的行為、睡眠、社交方式、互動、移動與學習。我們的孩子也不能免於這種劇烈的改變，他們以一種嶄新的方式在學習與發展。

我們需要協助孩子進入數位世界，將他們的安全與發展謹記在心，我們必須要確保他們的數位習慣沒有破壞他們的發展。身為父母親與教育者，我們需要去引導、調整及塑造孩子的科技習慣，讓他們可以跟科技形成健康且有益的關係。我們需要找到使用科技的一些方式，讓科技增進孩子的發展，而非侵害其發展。

這本書為努力與年幼孩子遨遊在數位領域的家長與教育者，介紹了廣泛領域中的最新近研究，將之轉化成實用、容易消化的資訊（不需要禁止 iPad、切掉無線網路或是拔掉電視插頭）。

毫無疑問地，在孩子年幼時的科技超載，對他們的身體、社交、情緒以及智能發展都有負面影響。他們發展中的大腦與身體，無法跟上數位世界的諸多要求——而且說老實話，就連身為成人的我們也不可能跟上科技的腳步。

當我們還未能全盤了解科技究竟是如何塑造孩子發展時，這本書試圖勾勒出我們所知、不變的發展需求，以及這些發展需求與科技之間的交互作用的輪廓。我已經概述了相關的七個重要基石，好讓孩子能在數位時代成長茁壯。我也探討了科技會如何阻礙或是支持孩子的發展，端賴於它是如何被使用的。有些對於年幼孩子曝露在數位產品底下的可能有害影響，也在這本書裡面做了說明。總而言之，關鍵的祕訣包括：

- 聚焦在孩子用科技產品在創造什麼，以及從科技裡面吸收到什麼（盡可能去找有教育意義與互動性的內容）。
- 注意孩子什麼時候使用科技產品（盡可能減少在睡前使用螢幕產品，以及上學之前接受連珠炮式的內容）。
- 讓科技產品離開臥室。
- 監控我們自己的媒體使用習慣。

- 訂立以及執行數位產品的使用時間。
- 找出健康的螢幕使用時間。
- 平衡使用螢幕以及接觸大自然的時間。
- 小心地使用科技產品。
- 教導孩子如何切斷或不使用科技產品。

許多父母親正努力要在這個數位世界裡面跟上時代的腳步，然而在孩子以不健康或有害的方式使用科技產品時，我們卻對潛在的發展危機毫無覺察。身為家長我們需要擔心的主要包括：

- 曝露在電磁波底下
- 睡眠習慣
- 童年期的肥胖
- 社交與情緒技巧衰退
- 網路的安全
- 上癮的可能性
- 身體發展的後果（對聽力、肌肉骨骼及視力的擔心）

然而，本書也強調，科技為孩子提供了驚人的可能性。它以全然嶄新而令人興奮的方式，讓孩子學習、遊戲、互動以及溝通。如果讓年幼孩子適當且有意識的使用科技，就不是有害的。身為父母親以及教育者，我們不需要害怕科技、覺得有罪惡感，或是擔心在孩子身邊使用。我們當然要減少科技對孩子發展可能有害的影響，但是我們需要翻轉有害的觀點。我們需要聚焦在科技提供給年幼孩子的正向潛能，而且協助孩子去攝取更多的數位營養。

多年以來，針對年幼孩子使用科技的發展適性，一直有數不清的辯論。顯然，過去將科技認定為兒童不宜，這樣根深蒂固的哲學信念正逐漸被侵蝕。與其聚焦在孩子應否使用科技，討論與研究現在已經在檢視：我們如何吻合他們的發展需求、與年幼孩子一起好好善用科技。

當我們以適齡及刻意的方式來使用科技時，科技就可以支持與增進孩子的發展，科技也可以提供新穎而刺激的學習與溝通管道。這些是我們需要關注（與研究）的面向，因為不管我們是愛是恨，科技都已經是大勢所趨。

聽起來好像很簡單，真的只在於找到讓童年平衡發展的方式。今天在數位時代的孩子，不只需要與我們童年類似的經驗，也需要數位經驗，才能達到最佳發展。他們的上網世界與下線的世界可以有所交會，他們需要輕敲、滑動以及按捏，也需要跳躍、跑步與攀爬。他們需要與大自然接觸的時間，也需要使用螢幕的時間。他們每天使用數位產品的時間，不應該取代所有最佳發展所需要的重要基石。**我們需要確保孩子的螢幕使用時間不會剝奪他們神奇童年的精髓：享受簡單的快樂、有時間去玩耍及探索，而且有足夠的空閒時間發揮創意。**

對大部分的父母親來說，養育數位時代的孩子是令人害怕的，因為這跟我們沒有螢幕的童年截然不同。但是並不需要如此擔心。如果我們備有最好的方式來避免一些數位的陷阱，了解我們如何使用科技來支持孩子的發展，我們將會提供孩子最好的起始點，在他們所承接的數位世界裡面茁壯。

科技小撇步

一般的祕訣

- 在所有的數位產品上設定家長控制功能，但是要記得，這些功能並不能夠絕對保證你的孩子上網很安全。在孩子上網的時候，你需要很積極地督導以及參與，這也是為什麼我們需要將這些數位產品放在家裡的公共空間，不讓它們進入臥室的原因。
- 擬訂一個「媒體管理計畫」（詳細描述孩子可以使用哪些科技產品、何時使用、在哪裡使用、以及使用多少時間、跟誰一起使用等）。這可以是一個正式的書面文件，或者是口頭與孩子說說這個計畫。但是要記得，隨著孩子長大、以及他們的數位興趣改變的時候，你需要重新去檢視、更新這些計畫。
- 設定螢幕使用限制，但是不要完全著重在他們使用螢幕的時間有多少，更重要的是要考慮他們在看什麼、使用什麼、玩什麼，而且何時使用。在小憩或者睡眠之前的九十分鐘，減少接觸螢幕的機會。
- 為你的孩子決定健康使用螢幕的時間，考量他們是不是能達成本書所勾勒的七個基石。他們每天有沒有機會與人建立關係、學習語言、睡眠充足、玩耍、活動、顧及營養以及運用執行功能技巧？

- 盡可能與孩子一起使用科技產品。有足夠的證據證實：共同觀賞對孩子是有益的。展現出對孩子上網所做的事情有高度興趣，而且協助他們將上網所學的東西，轉移到下線（不上網）的世界。
- 減少孩子曝露在無線網路之中的機會，因為可能有害：不要把應用程式放在大腿上使用，在沒有使用的時候關掉路由器，將行動式產品轉為飛航模式（如果不需要使用無線網路），增加孩子跟數位產品之間的距離，以及盡可能使用有線網路。
- 教導孩子使用數位產品時健康的聽力、視力以及姿勢的習慣。
- 以身作則示範健康的媒體習慣！在孩子身邊使用手機或是數位產品時，要設立清楚的界線。平衡你自己與大自然接觸及使用螢幕的時間。
- 下載「常識媒體」（Common Sense Media）的應用程式，讓自己可以跟上適合零到十八歲孩子的最新科技訊息。

零到兩歲

- 跟零到兩歲的孩子一起使用螢幕產品要非常小心。記住：當他們使用一個科技產品時，都會有替代效應（因此要確定任何上網的時間都是用得其所，而且在生命最初兩年要將使用降到最低）。百分之八十五的腦部結構是在生命最初的兩年所形成，因此要確保他們有最好的開始，而且盡量不要提供孩子使用螢幕的時間（但是如果你偶爾使用螢幕產品的話，不要覺得有罪惡感。）

- 可能的話盡量與孩子共同觀賞，盡量跟嬰兒一起使用科技產品。觀賞電視節目或 DVD 時，跟他們談論所觀看的內容。協助他們將在螢幕上所看到的，連結到真實的生活與經驗裡。當孩子與一位成人一起觀賞時，他們從科技所學習到的就大大提升了。
- 不要盲目地相信，認為這些行銷的產品、應用程式以及數位小工具是有「教育價值」的、對嬰兒是有益的。最近的研究顯示，相較於書籍與傳統的玩具，嬰兒在玩電子玩具時，會減少所聽到的語言之質、量。
- 如果你想要跟孩子一起使用科技產品，要限制時間，一天不要超過十到十五分鐘（最多）。
- 不急著太早讓孩子進入數位的河流裡。記住：年幼孩子（三十個月以前）從螢幕上學習，比從真人現場示範裡學習，要多花兩倍的時間。真實生活的互動及實際物品，對於兩歲以下的孩子來說是最好的。螢幕的經驗可以當作真實生活經驗的補充（舉例來說，在逛動物園的時候拍照，或是觀賞你的孩子有興趣的動物錄影帶）。

二到五歲

- 科技的鬧脾氣是正常發展的一部分，常常是由於多巴胺減退之故。記得：對你學前的孩子每天可以使用「多少」螢幕時間，要訂立強硬的指導原則，在關機之前給他們兩次溫柔的提醒，使用一個計時器，鼓勵孩子自己關掉數位產品（而不是你去關掉）。如果他們沒有遵守這些使用螢幕的規則時，就強制執行所約定的結果。

- 避免總是將使用螢幕產品當作「數位的奶嘴」（但是偶爾需要這麼做不要有罪惡感）。讓你學齡前的孩子去處理自己的情緒，而不要總是轉而使用數位產品來減輕他無聊、挫折或者是生氣的感受。
- 沒有人看電視的時候，就把它關掉。如果把電視當作背景，會妨礙孩子的語言技巧，而且也會改變親子間的互動。
- 讓孩子玩耍的空間成為一個不受科技干擾的空間，那麼他們就不會因為科技產品而分心。輕柔以及熟悉的音樂作背景是可以的，但是也要記得提供安靜的機會。我們不要孩子總是被娛樂，他們的腦袋需要空白的時間！
- 讓臥室成為一個不受科技干擾的區域，因為螢幕產品會干擾健康的睡眠習慣。在睡前或小憩前九十分鐘，避免使用螢幕產品。
- 在為學齡前的孩子選擇應用程式時，不要只是選擇消費型應用程式（像是看 YouTube），也要找一些可以鼓勵孩子創作內容的應用程式（像是創作一個電子書），以及可以互相交流的應用程式（像是閱讀書籍應用程式，以及錄下孩子的聲音）。
- 學前的孩子在身邊的時候，應該避免觀看一些可怕的內容（包括每日新聞以及目前的時事節目）。因為孩子還沒有認知或情緒的技巧來處理這些資訊，而且即使他們可能沒有跟你討論所觀看的內容，常常在腦袋裡就已經在處理這些內容了。

- 使用計時器、數位代幣、限制影集的集數或者指定一個遊戲的級數，這些你的孩子可以達到的目標，協助他們管理螢幕時間。健康的螢幕習慣必須在生命早年就建立（你以後會感謝自己這麼做了）。

五到八歲

- 沒有一個特定的年齡來決定孩子是否準備好使用智慧型手機。要考慮他們的組織、社會與情緒的技巧，來決定他們是否準備好使用手機。
- 在找尋教育性的應用程式或是網站時，要找設計簡單、清楚的，而且不常用讚美與獎賞方式作為回饋的。孩子很快就會被制約去接受一些讚美及獎賞，也可能會變得很依賴這些外在的肯定。
- 使用應用程式時，去找可以讓你的孩子創作、溝通以及單純觀看吸收的應用程式。試著限制他們使用消費型應用程式（像是 YouTube）的機會，鼓勵他們積極參與智慧手機上的活動，因此要選擇可讓他們創作數位內容或是在螢幕上互動的應用程式。維持平衡是很重要的。
- 協助你的孩子，讓他們在螢幕上所看到的，能夠跟真實的生活經驗連結在一起，這可以促進他們的語言技巧。也可以教導孩子：螢幕時間是一個可以共享的愉快經驗，而不是一個禁忌或是祕密的行為。

- 避免在上學之前（就寢之前也是如此），接觸步調快速、連珠炮式的螢幕活動，它可能會過度刺激腦部，讓孩子更難專注或是放鬆。
- 在行動式產品與音樂播放器上，設定最高的音量值，而且要孩子使用耳罩式的耳機。
- 糾正孩子的不良姿勢，鼓勵他們在使用螢幕產品時，遵守20－20－20－20的原則。
- 教導這個年齡的孩子：科技是一個工具，而不是一個獎品或玩具。避免用沒收螢幕產品的方式當作處罰，我們要他們視螢幕為整體生活的一個部分。訂立一些嚴厲的結果，如果他們沒有遵循契約的話。
- 使用計時器或是可印出的螢幕時間計畫表，來規劃每天孩子何時可使用科技產品，以及可使用多久，要很具體，而且要嚴格執行你的計畫！

八到十二歲

- 不要太早讓孩子接觸到社交媒體。你需要確保你的孩子已經夠成熟，擁有情緒與社交的技能來使用社交媒體，而不是因為同儕的壓力。如果你的孩子還沒有準備好進入社交媒體的領域，先找一些適合他們年齡的選擇（像是Kuddle，編按：兒童專用的社群媒體應用程式，讓孩子可以在安全的環境下分享照片），在孩子開始使用社交媒體帳戶時，訂立嚴格的原則以及指引。

- 找一些利社會且有教育意義的電腦遊戲。試著盡可能跟孩子一起玩電腦遊戲，也避免有攻擊性或暴力內容的遊戲。
- 電子書、書籍應用程式及有聲書，是傳統書籍之外的好選擇，關鍵在於平衡——這些電子書不能夠、也不應該取代真正閱讀書籍的經驗。
- 讓臥室成為一個不受科技干擾的區域，因為螢幕的使用會延遲睡眠的啟動（特別是一些有背光設計的產品，像是平板電腦以及智慧型手機），也會干擾孩子的睡眠週期（警示音以及訊息通知會打擾他們的睡眠週期）。
- 注意孩子的螢幕使用時間。你不需要執行普遍、以年齡為準的螢幕使用時間限制，但我們需要確保孩子的螢幕使用時間是健康、無害的。如果你擔心他們花在上網的時間有多少，可以使用科技監聽工具來監控他們的使用情況，然後運用家長控制的應用程式，來協助你幫助孩子管理自己科技產品的使用。我們的最終目標是要讓孩子可以用健康的方式，擁有管理科技產品的使用與自我控制的能力。
- 與青少年孩子有固定的對話時間，而且積極參與他們的上網生活，減少他們去接觸（和創造）色情或其他不適當媒材的機會。
- 要了解今天的孩子想要跟他們的朋友上網溝通，這是他們社交的方式（即便他們已經花了整天的時間跟朋友在一起）。

- 教導你的孩子一次只做一件事，而不是同時進行好幾項工作。不管他們認為如何，十幾歲的青少年不可能同時做多項工作（事實上，沒有人能夠這樣）。從一開始就教導他們：同時進行多項工作是一個迷思。教導他們把焦點放在一件事情上，而且一次只做一件事。
- 跟孩子一起訂立一份書面契約，清楚地規範你的孩子可以使用什麼科技產品，在何時、哪裡、跟誰使用，以及可使用多長的時間，並且定期修正。

數位時代0-12歲教養寶典 / 克莉絲堤・古德溫
(Kristy Goodwin)著 ;
邱珍琬翻譯. -- 初版. -- 臺北市 : 遠流, 2017.11
面 ; 公分. -- (親子館 ; A5041)
譯自 : Raising Your Child in a Digital World:
What You Need to Know!

ISBN 978-957-32-8147-4 (平裝)

1.親職教育 2.兒童發展 3.資訊社會
528.2 106017732

親子館 A5041
數位時代 0-12 歲教養寶典

作　　者——克莉絲堤・古德溫 (Kristy Goodwin)
翻　　譯——邱珍琬
副總編輯——陳莉苓
特約編輯——丁宥榆
封面設計——江儀玲
插畫繪製——利曉文

發行人——王榮文
出版發行——遠流出版事業股份有限公司
100臺北市南昌路二段81號6樓
郵撥——0189456-1
電話——2392-6899
傳真——2392-6658
著作權顧問——蕭雄淋律師

2017 年 11 月 1 日 初版一刷
售價新台幣 320 元（缺頁或破損的書，請寄回更換）

遠流博識網
http://www.ylib.com E-mail: ylib@ylib.com
RAISING YOUR CHILD IN A DIGITAL WORLD : What You Need to Know!
by Dr. Kristy Goodwin
Published by arrangement with Finch Publishing Pty Ltd.
through Bardon-Chinese Media Agency